Henning Köhlert

Mit dem Frachtschiff unterwegs

Australien

Henning Köhlert

Mit dem Frachtschiff unterwegs

Australien

Reisebericht

Copyright: © 2020 Henning Köhlert
Fotos: Henning Köhlert
Grafik S.20, OpenStreetMap, UKHO Security Chart, Q 6099
über: Steamship Mutual

Verlag und Druck:
tredition GmbH
Halenreie 40-44
22359 Hamburg

978-3-347-14746-1
978-3-347-14747-8
978-3-347-14748-5

Bibliografische Information der Deutschen Nationalbibliothek:
Die Deutsche Nationalbibliothek verzeichnet diese Publikation in der Deutschen Nationalbibliografie; detaillierte bibliografische Daten sind im Internet über http://dnb.d-nb.de abrufbar.

Etappe I: Hamburg - Melbourne

Einleitung

Nun soll es Australien werden. Die Tour von Nordeuropa nach Australien ist bei Frachtschiffreisenden sehr gefragt, ich muss mit dem aus meiner Sicht zweitbesten Termin vorlieb nehmen. Alle Schiffe auf der Nemo-Linie (NEMO: Nordeuropa – Mittelmeer – Ozeanien) tragen Namen von großen Komponisten, sind baugleich und fahren auf der gleichen Route. Da ist also kein Unterschied; der liegt in meiner Aufenthaltsdauer in Australien.

Ich fahre mit der CMA CGM Puccini von Hamburg über Rotterdam, Le Havre, Fos sur Mer, Genua, Damietta, Suezkanal, Reunion, Fremantle bis Melbourne. Dort steige ich aus und plane eine Woche in Australien. Hier hätte ich gern etwas mehr Zeit gehabt, aber das Schiff vor der Puccini war schon ausgebucht und ein Schiff später zurückfahren, geht auch nicht, weil nicht alle Schiffe auf dieser Route Passagiere mitnehmen. Mein Rückweg startet dann auf der CMA CGM Mozart in Sydney und geht über Adelaide, Singapur, Port Kelang, Chennai (Madras), Colombo, Cochin, Suezkanal, Damietta, Malta, Salerno, London Gateway bis Hamburg. Weil ich in Sydney wieder zusteige, bleiben mir etwa 10 Tage in Australien. Da ich über Weihnachten/Neujahr dort bin, stehen mir wegen der verschobenen Liegezeiten in den dortigen Häfen am Ende 12 Tage zur Verfügung. Ich werde genau 100 Tage unterwegs sein: Hinfahrt 42 Tage, 12 Tage in Melbourne und Sydney, 46 Tage Rückfahrt.

Das ist noch länger als meine Frachtschiffreisen nach Schanghai (84 Tage) und rund um Südamerika (95 Tage). Aber Australien liegt ja auch am anderen Ende der Welt. Nur Neuseeland ist noch weiter entfernt. Bevor ich gebucht habe, habe ich ein Frachtschiff gefunden, das mich von Sydney über Neuseeland, durch den

Panamakanal zurück nach Hamburg bringen könnte. Leider nimmt es keine Passagiere mit, so muss ich meinen Traum, auf Frachtschiffen einmal um die ganze Welt zu reisen, verschieben und es bei dieser halben „Weltumrundung" belassen.

Aber allein die Aufzählung der Häfen, die wir anfahren, lässt meine Erwartung größer werden und mein Reisefieber um einige Grade steigen. Bisher kenne ich nur Rotterdam, Le Havre, Malta und Port Kelang. Dazu kommen die Passagen durch die Straße von Gibraltar, das Mittelmeer, den Suezkanal und das Rote Meer. Aber was heißt hier kennen; z.b. den Suezkanal zum vierten Mal zu durchfahren, ist bestimmt ebenso interessant. Wie sich herausstellen sollte, ist es noch viel interessanter, weil beide Passagen weitgehend Tagesdurchfahrten sind und sich baulich auch einiges im Suezkanal getan hat. Doch dazu später mehr.

Viele Leser werden fragen, warum fährst Du um die halbe Welt bis Australien, um dann nur zwei Wochen dort zu bleiben? Die Frage ist natürlich berechtigt und ich habe sie mir auch gestellt. Für mich ist aber das Reisen auf Frachtschiffen vorrangig. Melbourne und Sydney sind ebenso wenig DAS Reiseziel wie Australien. Dort geht meine Reise hin, aber es ist „nur" der Wendepunkt; Reunion, der Suezkanal, Singapur z.B. haben für mich die gleiche Bedeutung. Bei jeder großen Reise muss man Kompromisse eingehen und mit dieser Lösung kann ich sehr gut leben. Meine Schwerpunkte und Interessen in der Reisegestaltung sind sicherlich andere als die vieler Leute, unabhängig von ihrem Alter.

In diesem Reisebericht soll der Schwerpunkt auf den Höhepunkten der Reise liegen, den besonders attraktiven Passagen und Hafenstädten. Ich denke, so kann ich am besten meine Begeisterung für diese Art zu reisen vermitteln. Alles steht in chronologischer Reihenfolge, angereichert durch kleine

Geschichten „am Rande" der Reise, die aber alle einen Bezug zum Geschehen und Erlebten haben.

CMA CGM Puccini und CMA CGM Mozart

Die Puccini auf Höhe des Lühe-Anlegers vor dem Hamburger Hafen

Bruttoraumzahl: **65.730** – Tragfähigkeit: **73.235 t**

Gesamtlänge x Breite: **277 m × 40 m**

TEU: **5780** – Baujahr: **2004**

Am 11.11. an Bord

Der 11.11. ist natürlich ein markantes Datum. Ich nehme es als gutes Omen und freue mich, dass ich heute ohne die sonst bei Frachtschiffreisen gängigen Verzögerungen an Bord gehen kann. Die Formalitäten am Gate zum Containerterminal Burchardkai sind wie immer sehr unkompliziert und schnell erledigt, der

Shuttlebus steht schon bereit und sofort bin ich in einer anderen Welt. Der Bus fährt eine kurvige Route durch den ganzen Terminal, als ob der Fahrer mit mir eine Besichtigungstour machen will. Dann stehe ich unten am Kai vor dem Schiff, das für die nächsten sieben Wochen mein Zuhause sein wird. Also Rucksack auf, den Koffer über die linke Schulter, die Tasche über die rechte und rauf geht es die schmale, schaukelnde Gangway hinauf. Ich stoße rechts und links an den Handlauf und gerate etwas aus dem Rhythmus. Da kommt mir schon der wachhabende Seemann entgegen und nimmt mir den Koffer ab.

Eine junge Rumänin ist dritter Offizier. Sie führt mich hoch in meine Kammer auf dem F-Deck. Die ist kleiner als gedacht, aber es ist genügend Stauraum da. Das merke ich, als ich meine Sachen auspacke. Alles ist schnell seegerecht verstaut und ich kann einen ersten Rundgang starten. Ich finde den *Crewcomputer*, den wir Passagiere für E-Mails benutzen können. Hierzu wird jedem ein gesonderter *Account* eingerichtet. An Bord ist auch ein sehr nettes Ehepaar aus York. Wir sind schnell in einem intensiven Gespräch über Frachtschiffreisen, England und Australien. Dieser Kontakt tut meinem Englisch sicherlich gut; denn ich habe lange nicht mehr so viel Englisch „am Stück" gesprochen.

Die Mannschaft, insgesamt 26 Seeleute, besteht aus bulgarischen und rumänischen Offizieren und einer Crew aus Sri Lanka. Koch und Steward sind aus Sri Lanka und haben immer ein offenes Ohr für uns Passagiere, wie sich im Laufe der Fahrt herausstellte.

Erster Höhepunkt – Stippvisite in Rotterdam

Henk habe ich vor genau zwei Jahren kennen gelernt. Er war einer der beiden Passagiere auf der Marco Polo. Wir haben seitdem einen losen E-Mail-Kontakt gehalten. Als ich ihm von meiner

Reise berichtete, hat er sofort einen Besuch über den CMA-Agenten in Rotterdam organisiert.

Sonntag, 13. November 2016

Die See ist die ganze Fahrt sehr ruhig. Um kurz vor 1000 (das ist 10 Uhr, so wird die Zeit an Bord angegeben) kommt der Lotse an Bord, die Revierfahrt soll etwa drei Stunden dauern. Wir fahren die Maas hinauf, an Hook van Holland vorbei, immer weiter. Mehr als Scherz denke ich, schau dir mal die Deiche genauer an, vielleicht fährt dir ja Henk entgegen. Nach einiger Zeit sehe ich einen silbernen PKW auf dem schrägen Grün des Deiches geparkt. Ich denke, wer parkt denn so? Unten am Wasser steht jemand mit Kamera und winkt. Ich also raus auf die Nock, doch selbst mit Fernglas kann man es nicht genau erkennen, aber es muss Henk sein. Wer würde sonst mitten auf dem Grün des Deiches parken und bei dem nasskalten Wetter wie verrückt winken und fotografieren. Erst als er zurück zum Auto geht, kann ich ihn an seinem Gang genauer erkennen. Was für eine irre Idee – aber sie hat funktioniert.

Um 1310 liegen wir fest. Henk kommt mit seinem PKW direkt ans Schiff. Auch das hat er über den Hafenagenten organisiert, eine logistische Hochleistung, wenn man bedenkt, dass es sich um einen Privatbesuch handelt. Nach einer herzlichen Begrüßung zeige ich ihm das Schiff, dann fahren wir in die Stadt rein. Wir nehmen Catherine und Matthew, die englischen Passagiere, mit.

Im Zentrum von Rotterdam ist es wie draußen im Hafen: nasskalt. Trotzdem drehen wir von der neuen Markthalle aus erst eine Runde, wärmen uns dann bei einem Kaffee auf, danach steuern wir ein teures, aber gutes chinesisches Restaurant an. Jetzt haben wir Zeit in Ruhe zu erzählen, ich über die anstehende Reise, Henk – er ist Truckfahrer bei internationalen Rallyes – über seine Abenteuerreise durch Russland, die Mongolei bis Peking. Zwei

echte Globetrotter beim Fachsimpeln. Vor der Rückfahrt erstehe ich noch einen Sixpack Bier, um an Bord auch mal etwas anderes als Mineralwasser und Beuteltee trinken zu können. Dann fährt mich Henk zum Schiff zurück und um 1900 bin ich wieder an Deck. Das ist alles perfekt gelaufen – einen besseren Start für meine Reise kann es nicht geben.

Drei Stunden vom Feinsten

Sonnenuntergang in der Straße von Gibraltar

Es ist Freitag, der 18. November kurz vor 1700. Ich bin genau eine Woche auf dem Schiff. Schon das vierte Mal fahre ich jetzt durch die Straße von Gibraltar. Heute habe ich besonderes Glück; es ist den ganzen Tag schon strahlend blauer Himmel, Sonne pur, klare Sicht und wenig Wind. Die Temperatur liegt bei 20°C, geht mit sinkender Sonne aber zurück. Wir fahren auf die Straße von Gibraltar zu, zunächst mit südöstlichem Kurs, dann auf Ost drehend. Nur ruhige, weite See, einige Schiffe sind zu sehen, hier ist noch viel Platz, alles verteilt sich gut. Wir kommen in den

10

vorgeschriebenen Korridor, der Verkehr ins Mittelmeer fährt mit südlicher Route. Bald kommt Afrikas Küste in Sicht.

Die Sonne neigt sich hinter uns dem Horizont entgegen, ein gleißend roter, runder Ball, der sich beim Berühren des Horizonts etwas verflacht. Man wartet fast darauf, dass er wie ein richtiger Ball gleich wieder hochfedert. Es ist ein fantastisches Bild rundum: hinter uns die Sonne mit ihren letzten Strahlen, wegen der wenigen Wolken nur ein schmales, rotgelbes Band bildend, das Abendrot, um uns herum die silbern leuchtende See.

Wir überholen gerade die *Buxcliff*, die mit gleichem Kurs etwas langsamer fährt. Ich nehme das als einen Gruß von zu Hause; das Schiff gehört zur NSB-Flotte, der Reederei aus dem heimatlichen Buxtehude. Jetzt wird es immer dunkler, die Lichter von Tanger sind gut zu sehen. Nur ein Blick auf die Karte lässt erkennen, dass Tanger in einer Bucht liegt. Von hier aus ziehen sich die hellen Lichter der Stadt schnurgerade entlang der afrikanischen Küste. Dann in kürzeren Abschnitten kleinere Ortschaften mit wenigen Lichtpunkten, in größerem Abstand gefolgt von Tanger Med, dem neuen Containerhafen. Starke Scheinwerfer erhellen das weite Areal, selbst aus dieser großen Distanz kann man die riesigen Ladebrücken und zwei gigantische Containerschiffe gut ausmachen. Sogar der Schriftzug oberhalb des Hafens ist von hier lesbar – wenn man Arabisch kann. (Ich glaube er lautet übersetzt: Allah, Nation und König) Er besteht inzwischen aus Leuchten, denn so klar könnte man den Schriftzug sonst nicht lesen. Vor zwei Jahren lag ich mit der CMA CGM Marco Polo dort, da waren die Buchstaben mit weißer Farbe auf den Felsen gemalt.

Von Spanien im Norden sind wir etwas weiter entfernt. Man sieht nur die Lichter der Stadt Tarifa, dann erstmal nichts, nur die Berge zeichnen sich ganz schüchtern gegen den etwas helleren Abendhimmel ab. Ein Blick auf die Karte zeigt, dass als nächstes

11

die Bucht von Gibraltar folgt. Etwas weiter und wir erblicken die hellen Lichter von Algeciras, dem großen Containerhafen an der Südspitze Spaniens.

Jetzt sind wir direkt auf Höhe von Tanger Med. Vor uns liegt pechschwarze Nacht, die Lichter von zwei Schiffen voraus wirken eher wie verlorene Glühwürmchen. Nur einige hell erleuchtete Fähren von Spanien nach Marokko, und in umgekehrter Richtung, kreuzen mit hohem Tempo unseren Weg. Hinter einem Berg schimmern bereits die Lichter von Algeciras.

Östlich von Tanger Med folgt nur schwarze Nacht und dann die strahlend erleuchtete spanische Enklave Ceuta, mit Grenzstreifen und doppelten Zäunen fluchtsicher abgeschirmt. Das konnte ich auf meiner letzten Tagespassage gut erkennen. Die Lichter, die ins Landesinnere führen, sind nicht nur Straßen, ich bin mir sicher, dass das der Grenzstreifen ist; Ceuta nach außen geschützt und abgeriegelt wie ein Banktresor. Das Bild ist sicher nicht übertrieben, aus Sicht afrikanischer Flüchtlinge jedenfalls. Ceuta setzt den hellen Schlussakkord auf afrikanischer Seite. Mein Blick schwenkt nach Norden. Die Lichterkette startet funkelnd am Hafen von Algeciras und zieht sich die ganze Bucht entlang bis zum Schlusspunkt Gibraltar. Die vorsichtig am Felsen emporkletternden Lichter zeigen die Umrisse des Kleinstaates. Ganz oben blinken einige nur schwache, rote Positionslichter. An uns schiebt sich gerade ein riesiges Containerschiff vorbei, die Marie Maersk. Unglaublich: zwischen ihren Containerreihen scheinen die Lichter der Küste durch, obwohl das Schiff drei Meilen von uns entfernt ist.

Das war's. Wir ändern den Kurs in nördliche Richtung. Ceuta leuchtet noch hinter uns, der Schimmer der südspanischen Urlaubsorte von Estepona bis Marbella setzt sich kaum durch. Vor uns die schwarze Nacht des weiten Mittelmeeres. Zum Glück gibt es heutzutage GPS, das uns sicher nach Norden führt zu unserem nächsten Hafen: Fos sur Mer in der Nähe von Marseille.

Eine unerwartet schöne Passage – die Straße von Messina

Wir sind schon südlich von Neapel. In Fos sur Mer herrschte Sturm, in Genua Dauerregen, also gab es keinen Landgang in beiden Häfen. Jetzt ist die Luft noch sehr frisch, ich werde mich bestimmt in den nächsten Wochen nach solchen gemäßigten Temperaturen sehnen.

Am späten Nachmittag kommt der Stromboli in Sicht. Aus der Ferne sieht man ein paar Wolken am Gipfel. Je näher wir kommen, desto deutlicher wird es. Sie kommen aus einer Seitenöffnung des Vulkans, zwei nebeneinander. Auch Lipari und einige kleinere Inseln sind zu sehen; alle sind steile, aktive Kegelvulkane.

Um 1950 kommt der Lotse an Bord; ich hatte nicht gedacht, dass wir hier einen brauchen. Im Dunkeln sieht man schon von weitem die Nordküste Siziliens. Die Straße von Messina zu durchfahren ist mindestens genauso interessant wie die Straße von Gibraltar; man ist bloß schneller durch. Im Dunkeln ist alles schwerer zuzuordnen; was ist noch „Stiefelspitze" was gehört zu Sizilien? Wir fahren leicht schräg auf den „Spann" zu und vollziehen dann eine „S"-Kurve. Es herrscht gute Sicht, mehrere kleine Autofähren und ein großes Passagierschiff kreuzen die Straße. Oberhalb von Messina leuchtet ein großes Gebäude mit fantastischem Blick auf das Wasser. Wenn das ein Hotel ist, muss ich da mal unbedingt hin, bei der Aussicht! Die Seekarte verrät uns, dass das Wasser tief genug ist, zwischen 200 und 600 Meter. Diese „Perlenketten" an Backbord und Steuerbord leuchten kräftiger, weil sie näher sind als in der Straße von Gibraltar. Man kann kleine Häfen, Gebäude und Plätze erkennen. Auf Höhe von Reggio geht der Lotse von Bord und fährt zurück nach Messina.

Der Abstand zu den Ufern wird immer größer und etwas später ändern wir unseren Kurs, nehmen Geschwindigkeit auf und fahren schnurgerade auf Damietta zu. Dieser Teil der Reise, mit dem Blick auf den Stromboli, das „S" und die Fahrt durch die Straße von Messina, der Blick auf die „Zehenspitze des Stiefels" von Italien und auf Sizilien ist ein nicht erwarteter Höhepunkt. Mal sehen, was noch alles kommt.

Merkwürdige Entscheidungen des Kapitäns

Es ist sonniges Wetter, aber frisch. Wir sind an Kreta vorbei. Ich stehe mit Matthew am Kartentisch wie an anderen Tagen auch und spreche mit ihm über unsere Route, da kommt der Kapitän und schickt uns weg mit den Worten: *„Don´t interfere with anything."* Im Grunde verstehe ich das nicht, weil es keinen Grund dafür gibt. Wir stehen niemandem im Weg, bringen nichts durcheinander, das Schiff fährt in ruhigem, breitem Fahrwasser. Später ist die Brücke verschlossen, man kann die Tür nur mit einem Code öffnen, der uns Passagieren aber nicht bekannt ist. Ich weiß nicht, was diese Maßnahmen bezwecken sollen. Bei der

Sicherheitseinweisung am Abend gibt der Kapitän verschiedene Vorkehrungen bekannt. Es gilt ab jetzt, angeblich weil CMA das so will, *extended security level 1*, also schon vor Damietta. Deshalb ist die Tür zur Brücke nur mit einem Code zu öffnen, der uns Passagieren nicht mitgeteilt wird. Tagsüber können wir anklopfen und fragen, ob wir auf die Brücke dürfen, ab 1800 nicht mehr. Auch für den Suezkanal gilt das. Das sei als Vorbeugung gegen Diebstahl gedacht. Draußen auf der Nock dürfen wir sein, aber wir können fragen, ob wir „reinkommen dürfen". Wir sind zwar sechs Passagiere, aber da ließen sich andere Regeln treffen, damit es nicht zu voll auf der Brücke wird.

Die „High Risk Area Level 2" beginnt am südlichen Ende des Roten Meeres, kurz vor Bab El Mandeb, da sind natürlich einschränkende Maßnahmen zu verstehen. CMA hat große Furcht vor Auswirkungen des Bürgerkrieges im Jemen.

Passage Suezkanal

Um 1830 sind alle Leinen los und wir fahren langsam aus dem ägyptischen Hafen Damietta, hier haben wir einen Tag lang geladen. Ich gehe früh schlafen, um dann für den Suezkanal auch ganz früh wieder aufstehen zu können. Wann es von der Reede losgeht, kann der Kapitän nicht sagen: „Das steht in den Sternen".

Sonntag, 27. November 2016

Um 0300 wache ich auf, wir fahren langsam auf den Kanaleingang zu. Backbord voraus leuchtet der Hafen Port Said, zwei riesige Containerschiffe liegen am Kai. Ich bin noch zu müde, lege mich wieder hin und schlafe fest ein. Erst um 0715 werde ich wieder wach, da sind wir längst im Kanal, vor der Al Qantara Brücke. Ich stehe schnell auf und bin mal wieder der letzte beim Frühstück.

Die Al Qantara Brücke im Morgenlicht

Getrennte Fahrbereiche für süd- und nordgehenden Verkehr

Südliches Ende des Kanals bei Port Suez

Später stehen wir draußen auf der Nock und fragen den *Chief Mate*, ob wir reinkommen dürfen. Der antwortet verständnislos den Kopf schüttelnd „yes, of course". Also das wäre geklärt.

Es weht ein richtig kalter Wind, obwohl die Sonne aus allen Knopflöchern strahlt. Ich spreche mit dem Lotsen, der sehr freundlich und mitteilsam ist. Er ist ein gutes „Aushängeschild" für Ägypten, zumindest in dieser Hinsicht. Die ägyptischen Lotsen haben bei Seeleuten keinen guten Ruf. Vielleicht weil sie immer zu sehr „die Hand aufhalten". Der Suezkanal heißt deshalb bei Seeleuten auch „Marlboro Kanal".

Südlich von Ismāilia kommt der neue Ausbau. Bis zum Bittersee können die Konvois beider Richtungen einander passieren. Damit entfällt das sonst übliche Ankern im Bittersee. Das ist neu für mich. Jetzt kommt der nordgehende Konvoi uns auch entgegen. Alles ist so koordiniert, dass die beiden Konvois bis Ende Bittersee aneinander vorbeigefahren sind.

Ich habe den Eindruck, dass nicht mehr so viele Militärposten an den Ufern stehen. Auf der Sinai Seite jedenfalls; das hängt sicherlich mit den Baumaßnahmen zusammen. Auf dem westlichen Ufer liegen viele Pontonbrückenteile bereit, etwa alle 10km, auch das ist neu. Sonst ist der optische Eindruck der gleiche wie bei meinen Passagen 2013 und 2015. Eine interessante Information habe ich über die Al Qantara Brücke gehört. Sie ist gesperrt, wenn ein Konvoi durchfährt, das heißt wohl meistens.

Die Vorbeifahrt an Port Suez am Kanalausgang empfinde ich dann wie einen fantastischen Schlussakkord in der ganzen reizvollen „Komposition" des Suezkanals. Der Lotse erzählt mir, dass Port Suez immerhin 3 Millionen Einwohner zählt. Hier schieße ich die meisten Fotos von der Moschee, vom Hotel Red Sea, vom Kanalufer rechts und links, von den verschiedenen Stadtansichten weit im Hintergrund und als letztes ein Video aus größerer Distanz, ins Rote Meer einfahrend, vom gesamten Panorama der Stadt.

Dann sind wir endgültig „durch". Wir nehmen Geschwindigkeit auf (im Kanal sind wir meistens zwischen 8 und 10 Knoten gefahren) und lassen Kanal und Port Suez hinter uns. Rund neun Stunden hat die Passage des Suezkanals mit seiner Länge von 162 km gedauert. Auf Steuerbord liegen viele Schiffe bereit, den nordgehenden Konvoi zu bilden. Aber sie müssen warten, bis alle Schiffe unseres Konvois an ihnen vorbeigezogen sind.

Haben wir mit Damietta den europäischen Teil abgeschlossen, so öffnet sich jetzt der östliche Abschnitt der Reise, der gefährliche, durch die High Risk Area. Ab Reunion, unserem nächsten Stopp, heißt es dann: „Auf nach Australien".

Im Roten Meer

Hier ist es das erste Mal richtig heiß in der Nacht. Die Klimaanlage wird auf volle Kühlung gestellt und stinkt noch etwas. Ich habe sie die Nacht über abgedreht und das Fenster aufgelassen. Doch nach Sonnenaufgang wird es schnell knuffig warm. Trotzdem bin ich los zum Joggen, wieder um 1000, in der Kaffeepause der Crew. Dann folgt das übliche Tagesprogramm: duschen, ruhen, lesen und noch einmal langsam übers Deck spazieren. Kurz vorm Schlafengehen bin ich nochmal auf die Brücke rauf, aber natürlich nur draußen auf die Brückennock; es ist angenehm warm, selbst bei dem Fahrtwind. Heute um 1600 war es noch 27°C im Schatten und 35°C in der Sonne.

Am nächsten Vormittag ist die Führung durch den Maschinenraum angesagt. Der *Chief Engineer* führt uns selbst. Die Hauptmaschine *(Foto)* ist riesig, 10 Zylinder

und geht über 4 Decks. Es gibt 3 Generatoren plus einen für die Antriebswelle. Vom Kontrollraum hat man einen guten Blick auf den oberen Teil der Maschine, dieser Raum ist etwas kleiner als auf den anderen Schiffen.

Auch wenn Vieles gleich ist, so lerne ich doch immer Neues bei diesen Rundgängen. Ein grober Wert zu unserem Verbrauch: wir fahren mit 65 Umdrehungen pro Minute, das sind etwa 16 Knoten und ein Tagesverbrauch von 70 Tonnen Rohöl.

Der Kapitän hatte angewiesen, wir sollten nur hier auf dieser Ebene bleiben und nicht durch den Maschinenraum gehen. Der erste Maschinist hat es auf „seine Kappe" genommen, und uns durch den ganzen Maschinenraum geführt bis hinunter zur Antriebswelle. Das sollten wir aber möglichst für uns behalten, um unnötige Diskussionen zu vermeiden. Soviel zur Einschätzung des Kapitäns. Insgesamt hat die Tour über eine Stunde gedauert, der *Chief* hat sich wirklich Mühe gegeben.

Die Temperaturen liegen über 30°C. Ich setze mich das erste Mal Klappstuhl nach draußen und lese. Doch das wird mir endwann zu heiß. Trotzdem sollte ich heute nochmal joggen, vor wir in die *High Risk Area* (HRA) kommen.

Im 1700 ist *security-drill* mit *piracy alarm*. Alle versammeln sich im *ship's office*. Dort gibt der Kapitän die wichtigsten Verhaltensregeln bekannt und verliest aktuelle Berichte von Piratenübergriffen, die meisten aus dem Golf von Guinea, Westafrika. Dann begeben wir uns alle zur Musterstation für „piracy-attack", das ist der Maschinenkontrollraum. Von dort geht es in die Zitadelle; immer die *Passageway* unter Deck entlang bis ans Heck, wo sich das Not-Ruder befindet; Not-Ruder bei Stromausfall, aber auch bei Piratenangriffen. Ich habe nicht den Eindruck, dass diese „Zitadelle" besonders gesichert ist, doch vielleicht wird uns auch nicht alles gezeigt. Jeder macht ein freundliches Gesicht, manche haben sogar ein paar Scherze auf den Lippen, aber wie würde es wohl bei einem Ernstfall sein …?

Eine Fahrt durch die Risikozone Rotes Meer/Küste Somalia

A) Allgemeine Lage

Seit etwa 2002 ist die Handelsschifffahrt durch eine besondere Art der Piraterie bedroht. Vom Ausgang des Roten Meeres, Bab El Mandeb, bis weit hinein in den Indischen Ozean gab es in diesem Zeitraum jährlich bis zu 220 Angriffe auf Handels-schiffe, 50 Schiffe und ihre Besatzungen wurden als Geiseln genommen, um Millionenbeträge von den Schiffseignern zu erpressen. Es dürfte den meisten Lesern wohl bekannt sein, dass inzwischen verschiedene Maßnahmen international ergriffen wurden:

- Schaffung einer Hochsicherheitszone ab 15° N im Roten Meer bis 65° O und 5° S im Indischen Ozean (*siehe Karte mit aktualisierten Grenzen, OpenStreetMap*),

- Einrichtung des IRTC: *„internationally recommended transit corridor"* – international empfohlener Transitkorridor

- Eskortieren von kleineren und langsameren Schiffen durch Kriegsschiffe im Rahmen der Operation *Atalanta,*

20

- Herausgabe eines Handbuches mit ständig angepassten Regularien für das Verhalten an Bord: „Best Management Practices",

- Selten auch Anbordnahme von bewaffnetem Sicherheitspersonal.

2013 und 2015 bin ich als Passagier auf Containerschiffen bereits durch dieses Gebiet gefahren. Beide Schiffe waren größer: die Hatsu Crystal mit 334m Länge und einer Kapazität von über 8000 TEU und die CMA CGM Marco Polo mit 396 m und 16000 TEU. Jetzt bin ich auf der CMA CGM Puccini mit 277 m Länge und etwa 5800 TEU nach Australien unterwegs. Es ist ein großes Schiff, aber weit entfernt von den Maßen der Riesen-Containerschiffe.

Damals war das subjektive Gefühl der Bedrohung sehr gering, weil zwei Faktoren gegen einen Piratenangriff sprachen. Beide Schiffe

- hatten ein *Freibord* (senkrechte, glatte Außenwand) von 12 m und mehr,

- fuhren mit Geschwindigkeiten von 20 bis 24 Knoten, also um die 40 km/h.

Besonders Tanker aber auch kleinere Containerschiffe, Stückgutschiffe und sogenannte Bulker (für Massengut) verfügen nicht über diese Voraussetzungen. Sie werden in der Regel dem begleiteten „Gruppentransit" im IRTC zugewiesen oder haben zusätzliches Sicherheitspersonal an Bord.

Unser Schiff ist groß genug, sonst würde eine Mitreise für Passagiere nicht angeboten. Wir dürfen uns also sicher fühlen. Trotzdem haben aktuelle Vorgänge die Reedereien „nervöser" gemacht:

- die kriegerischen Auseinandersetzungen im Jemen haben zugenommen,

- vor etwa sechs Wochen wurde ein Schiff mit 26 Mann Besatzung als Geiseln genommen.

Genau an diesem Punkt befinden wir uns, als ich mit dem Schreiben dieses Berichts beginne.

B) Maßnahmen auf der CMA CGM Puccini

Die erste Maßnahme, für uns Passagiere sichtbar, kommt schon im Mittelmeer kurz hinter Kreta. Der Reeder bzw. Charterer schreibt ab hier eine *extended* Marsec level 1 vor. Maßnahmen, die sonst an Bord und in den Häfen üblich sind, werden demnach penibel ausgeführt: z.B. verschärfte Kontrollen an der Gangway und, schlecht für uns Passagiere, eingeschränkter Zugang zur Brücke. Die letzte Maßnahme wird glücklicherweise für die Passage durch den Suez Kanal abgeschwächt.

Ab dem Roten Meer und in der Sicherheitszone gibt es mehrere Probealarme und security-drills für Crew und Passagiere. Von der Musterstation aus begeben wir uns in die „Zitadelle", einen gesicherten Raum für die gesamte Besatzung. Von hier kann das Schiff im Notfall gesteuert werden. Draußen an Deck werden nur die dringlichsten Arbeiten von der Crew durchgeführt, sie sind dann zu zweit mit Walkie-Talkie dabei. Auch wir Passagiere dürfen uns während dieser Tage nicht draußen aufhalten.

Natürlich gibt es noch weitere vorgeschriebene Maßnahmen: Alle Luken werden nachts abgedunkelt oder ganz verdeckt. Alle Türen nach außen bleiben ständig verschlossen. An den Seiten werden Schläuche installiert, deren Wasserstrahlen es erschweren sollen, dass Piraten an Bord gelangen. Um das zu erreichen sind an den niedrigeren Öffnungen des Schiffes, hinten an der *Mooring Platform*, Plastikkeile angebracht (*Foto folgende Seite*).

Die Gefahr wird wohl doch nicht ganz so hoch eingeschätzt: Wir fahren zwar mit relativ hoher Geschwindigkeit von 16 bis 18 Knoten, aber das ist kein sehr hohes Tempo. Außerdem biegen wir direkt östlich vom Horn von Afrika nach Süden ab und machen keinen Bogen um die Insel Sokotra herum. Beide Maßnahmen sparen viel Geld ein; das ist wohl entscheidend. Höhere Geschwindigkeit und längerer Weg bedeuten Mehrkosten für Treibstoff.

C) Fünf lange Tage in der HRA

Wie nehmen wir Passagiere diese Einschränkungen auf? Was empfinden wir in diesen bedrohlichen Tagen? Kurz vor Bab El Mandeb, der Meerenge zwischen dem Jemen und Djibouti, gibt es viele kleinere Inseln, die sich im Dunst vor dem bloßen Auge verbergen. Sie sind ein idealer Ort für Piraten sich zu verstecken. Auf meiner ersten Passage spürte ich hier eine Art Beklemmung wegen der Stille und Dunkelheit auf unserem Schiff. Auf dieser Fahrt sind wir uns sicher, dass nichts passieren wird.

Ab dem nächsten Morgen registrieren wir nur, dass die Wache auf der Brücke den Horizont viel intensiver beobachtet als sonst. Im Golf von Aden sehen wir noch einige wenige Schiffe in großer Ferne. Wir nehmen nicht den IRTC, sondern steuern auf das Horn von Afrika zu, um dort nach Süden „abzubiegen". Die Tage nur innerhalb der Decksaufbauten zu verbringen, ist schon recht eintönig. Wir lesen viel, dösen vor uns hin oder spielen Tischtennis. Die Mahlzeiten werden immer mehr ausgedehnt und enden in interessanten Gesprächsrunden. Wir nutzen den

Passengers' Recreation Room viel häufiger. Abends spielen wir Karten oder sehen uns einen Film an. Ich bin schon sehr enttäuscht, als ich den Kapitän frage, ob ich auf meinem Deck außerhalb, gleich neben der Tür, sitzen und lesen darf. Ich darf nicht, obwohl im Umkreis von 30 Seemeilen kein Schiff zu sehen ist. Es gilt nach wie vor: Niemand darf nach draußen. Erst am vorletzten Tag kommt eine Lockerung; wir dürfen raus auf die Nock, die freien Flügel rechts und links der Brücke. Das Bild ist wie an den drei Tagen vorher das Gleiche: blauer Himmel mit ein paar Alibiwolken, wenig Wind, sonst nur die blaue Weite des riesigen Indischen Ozeans, vor uns, hinter uns, an Backbord wie an Steuerbord nur Wasser, Wasser, Wasser. Wir verpassen in dieser Zeit die Überquerung des Äquators, schade, aber es war für uns alle nicht das erste Mal.

Am letzten Tag werden die Einschränkungen vorzeitig aufgehoben. Zudem ist Wasser in den Swimmingpool gelassen worden, so können wir jetzt nicht nur unsere Spaziergänge und Jogging-Runden um das Schiff fortsetzen, sondern uns auch im 27°C warmen Seewasser erfrischen. Die Erleichterung ist allen anzumerken. Erleichterung, nicht, weil die latente Gefahr vorüber ist, sondern weil die rigiden Einschränkungen vorbei sind.

Nun freuen wir Passagiere uns auf den nächsten Hafen. Nur noch drei Tage bis Reunion. Dort planen wir eine Tour über die Insel, wir haben die letzten Tage auch dazu genutzt, über den Hafenagenten ein passendes Angebot zu buchen. Immerhin hat der Kapitän uns hierbei unterstützt und unsere Anfrage weitergeleitet.

Aus großer Entfernung erspäht: Eine Fregatte im IRTC

D) Noch einmal HRA auf der Rückreise

Etwa zwei Monate später auf meinem Rückweg von Australien über Singapur und Indien kommen wir noch einmal durch die HRA. Das Schwesterschiff CMA CGM Mozart hat genau die gleichen Maße wie die Puccini und fährt unter den gleichen Bestimmungen. Nur, der Kapitän ist Franzose und geht mit den Vorschriften viel souveräner um als sein Kollege auf der Puccini.

Die Sicherheitsvorkehrungen sind gleich, aber sie werden sinngemäß angewendet. So gibt es für uns Passagiere kein generelles Deckverbot, man muss sich nur auf der Brücke ab- und zurückmelden, wenn man einen Rundgang machen will. Einige Durchgänge sind mit Gittern versperrt, man muss nur hinter sich wieder abschließen. Ein Brückenverbot gibt es zu keiner Zeit. Bei einem Probealarm suchen wir auch die Zitadelle auf und es greifen die üblichen Maßnahmen wie Verdunkelung,

 Reduzierung der Arbeiten an Deck, *Anbringen von Schläuchen (Foto),* aber vom Gefühl her sind diese Tage in der HRA für uns Passagiere genauso angenehm wie alle anderen Tage auf See auch.

Ein wunderbarer Tag auf Reunion

Mittwoch, 7. Dezember 2016

Vor 0500 wache ich auf, wir fahren langsam auf Reunion zu. Man sieht einen hohen Berg sich aus dem Wasser erheben. Helle Lichter markieren unser Ziel, den Hafen Pointe des Galets. Frischer Wind weht durch das geöffnete Fenster, ich döse wieder ein. Als ich das nächste Mal aus dem Fenster schaue, sind wir schon im Hafenbecken. Es herrscht eine herrliche Ruhe, das Schiff liegt am Kai, der Motor ist ausgestellt, die Ladearbeiten haben noch nicht begonnen. Ich döse erneut ein, um eine Stunde später mit Schwung und Vorfreude aufzustehen, heute wird bestimmt ein toller Tag. Der Van ist für 0900 bestellt, um uns den ganzen Tag lang über die Insel zu kutschieren. Wir sind sechs Personen, jeder zahlt 100 €.

Pünktlich geht es los. Lorant, unser einheimischer Reiseführer spricht fließend Englisch, Deutsch und natürlich Französisch. Er holt uns am Schiff ab und hat alles organisiert, z.B. die Schiffspässe für den Landgang. Wir wollen die östliche Seite der Insel erkunden und fahren Richtung St. Denis durch viele Staus. Dann haben wir es geschafft und touren immer weiter entlang der Küstenstraße. Rechts Grün, kleine Ortschaften weiter hinauf Urwälder und Täler bis zum Piton des Neiges (3071m), der sich allerdings sehr zurückhaltend mit einem Wolkenschleier umhüllt. Links der Ozean blau, weit, scheinbar unbegrenzt.

Wir erfahren viel über die Insel: Reunion ist geologisch sehr jung, nur 3 Millionen Jahre, zu 100% vulkanischen Ursprungs. Daher hat sich keine umfangreiche, einheimische Fauna entwickelt. Der Piton des Neiges ist erloschen, weiter im Süden liegt der Piton des Fournaise (2631m), der zweitaktivste Vulkan der Erde. Reunion war erst Französisch und hieß Isle de Bourbon, dann, nach Napoleon, etwa 100 Jahre Britisch und dann wieder Französisch. Heute hat die Insel etwa 850 Tausend Einwohner und ist eines von vier französischen Überseedepartements. Wir hören vom Anbau von Rohrzucker, Vanille, Ananas, Mango, Lychees und vielen anderen Früchten. Lorant ist ein wandelndes Lexikon, die vielen interessanten Fakten kann man sich nicht alle merken, gehören aber dazu, um den Gesamteindruck der Insel richtig einzuordnen.

Auf unserem Weg machen wir mehrere kurze Stopps, den ersten an einer kleinen Kirche in St. Anne, dann einen längeren an einer malerischen Bucht mit kleinen Wasserfällen und üppiger Vegetation. Hier genieße ich zur traumhaften Aussicht einen köstlichen, exotischen Mix-Drink aus nahezu allen Früchten der Insel.

Eine der vielen kleinen malerischen Buchten auf Reunion

Die weiteren Stopps sind an großen Lava-Ausflüssen des Piton des Fournaise, die bis ans Meer reichen. Der größte von ihnen hat 1998 die Insel um ca. 30 Hektar vergrößert. *Es ist erstaunlich, wie schnell die Natur wieder „Fuß fasst"*, selbst bei den jüngsten Lavaströmen sprießen schon Pflanzen aus den Lücken hervor und Flechten lassen das ursprünglich anthrazitfarbene Basaltgestein hellgrau schimmern. Wir kehren um und fahren nach St. Denis zurück. Dort genießen wir in einem vornehmen Restaurant ein kreolisches Fischmenu. Alle nutzen hier mehr oder weniger ausgiebig die Möglichkeit online zu gehen. Die Kommunikation ist dadurch abrupt beendet.

Anschließend steht ein kleiner Rundgang durch das Stadtzentrum an. Wir haben viel zu lange im Auto und am Tisch gesessen. St.

Denis, obwohl Hauptstadt, hat recht wenig zu bieten, doch die Fußgängerzone ist stark bevölkert. Man findet die üblichen Geschäfte, wenig Landes- bzw. Inseltypisches, auch die Markthalle ist ziemlich klein und steht in keinem Vergleich zu z.B. Le Havre. Aber enttäuscht bin ich nicht, ich schlendere auf einem anderen Weg zurück, da wartet auch schon Lorant und fährt uns zurück zum Hafen. Dort liegt ein Kreuzfahrtschiff, dessen Passagiere im Stadtbild nicht zu übersehen waren.

Die Kontrollen am Hafeneingang sind auf das Nötigste beschränkt, sodass wir um kurz nach 1800 an Bord gehen können. Hier ergibt sich für uns eine letzte Hürde. Weil kräftig entladen wurde, liegt das Schiff deutlich höher. Die Gangway haben sie nicht angepasst, vielleicht kann man sie auch nicht weiter herunterlassen. Sie beginnt einen Meter über dem Kai und jeder hat einen mehr oder weniger schweren Rucksack auf. Aber mit Ziehen und etwas Druck am (verlängerten) Rücken schaffen es alle.

Das war ein fantastischer Tag! Genauso hatten es sich alle vorgestellt. Wir waren über neun Stunden unterwegs und haben einen sehr guten Eindruck von der Insel bekommen. Auf Frachtschiffreisen gibt es einen so idealen Tag nicht sehr häufig.

Am Abend schaue ich zunächst noch etwas beim Laden zu. Dann gehe ich runter aufs Upper Deck, wo der Elektriker gerade von seinem Landgang zurückkommt. Es ergibt sich ein langes, interessantes Gespräch über seine Arbeit an Bord, sein Leben und seine Arbeitsperspektiven, über Zaubern, Kreuzfahrten und Frachtschiffreisen ... Solche Gespräche kann ich gar nicht hoch genug einschätzen; man muss nur ein Gespür dafür haben, wann man Crewmitglieder ansprechen kann. Solche Kommunikation ist nur auf Frachtschiffreisen möglich. Damit hat dieser SUPERTAG einen interessanten Abschluss gefunden.

Von Reunion bis Fremantle

Neun lange Tage werden wir jetzt bis Australien brauchen. In diesen Tagen sehen wir nur zwei Schiffe am Horizont passieren, sonst nichts als Wasser ringsum. Wir haben deutlich weniger geladen, die „Containerlandschaft" vor uns sieht aus wie ein Gebirge mit vielen tiefen Tälern. Wegen des geringeren Tiefgangs rollt das Schiff auch heftig. Matthew liegt zwei Tage bleich im Bett und reduziert seine Mahlzeiten auf Suppe und Tee. Dazu kommt, dass jeden zweiten Tag die Uhr eine Stunde vorgestellt wird, die Nächte also regelmäßig kürzer sind. Das zehrt an der Kondition, alle erscheinen morgens später beim Frühstück und kommen langsamer in Gang.

Auf der Seekarte sieht unser Kurs leicht gebogen aus. Wir fahren auf dem *Großkreis*, so der Fachbegriff, nach Osten. Wegen der Erdkrümmung ist der „gebogene" Kurs die kürzere Strecke. Ein gerader Strich auf der Seekarte ist ein Umweg. Das kennt man sonst von den Transatlantik-Flügen nach Nordamerika.

Es ist merklich kühler geworden. Tagsüber trage ich eine lange Hose außer bei meinen Joggingrunden. Die setze ich regelmäßig fort und fühle mich anschließend richtig fit. Natürlich spaziere ich auch langsam ums Deck und beobachte dabei interessante Arbeiten. Die Crew nutzt längere Seestrecken oft für zeitaufwändige Arbeiten, hier wie ein altes Seil ausgebessert und ein neues auf die Winsch (*Foto*) aufgezogen wird; bei einer Seillänge von über 100 Metern kein leichtes Unterfangen.

Wir Passagiere sitzen oft länger nach dem Abendessen zusammen und erzählen Geschichten. Alles ist bereits vom Tisch abgeräumt. *Cassun*, unser Steward lauscht mit Interesse. Ich gebe die folgende wahre Begebenheit zum Besten:

Wahre Geschichten

Der clevere Schiffsjunge

Früher gab es auf kleineren Schiffen nicht die Möglichkeit, auf der Brücke Kaffee zu kochen. Der musste immer aus der Kombüse nach oben gebracht werden. Das war die Aufgabe des Schiffsjungen, auch Moses genannt. Damals waren das immer ganz junge Kerle, manchmal nur 14 oder 15 Jahre alt.

Der Kapitän war unzufrieden mit allen seinen Schiffsjungen, weil es keinem von ihnen gelang, bei stärkerem Seegang eine Tasse Kaffee wie gewünscht auf die Brücke zu bringen. Immer schwappte die Hälfte des Kaffees in die Untertasse. Deswegen wurde jeder Moses am Ende der Fahrt entlassen und es kam ein neuer Schiffsjunge.

Dann heuerte ein cleverer Schiffsjunge an. Ihm ist es tatsächlich gelungen, den Kaffee ohne „Fußbad" zum Kapitän zu bringen, jedes Mal, auch bei Sturm. Am Ende der Fahrt fragte der Kapitän den Moses, wie er es geschafft hätte, den Kaffee zu ihm zu bringen, ohne die Hälfte zu verschütten. „Kapitän, ich bin mir sicher, Sie wollen mein Geheimnis gar nicht wissen," versuchte der Schiffsjunge sich herauszuwinden. Doch der Kapitän bestand auf einer Antwort. „In der Kombüse fülle ich eine Tasse mit Kaffee," erklärte er widerstrebend, „dann nehme ich einen Schluck, gehe rauf zur Brücke, und bevor ich eintrete, spucke ich den Kaffee wieder zurück und Sie bekommen eine volle Tasse ohne Fußbad."

Alle lachen herzhaft, aber unser Steward kann sich vor Lachen gar nicht mehr einkriegen. Als er sich wieder erholt hat, erzählt er eine unglaubliche Geschichte über einen anderen Steward. Er hat diese Geschichte von einem Koch gehört, der mit dem Steward gearbeitet hat, um den es hier geht. Diese Geschichte hat sich Anfang der 90er Jahre so zugetragen:

Der Steward war ein sehr freundlicher Mensch. Er war bei der ganzen Crew, inklusive Kapitän beliebt und geachtet. Aber wie es so auf Schiffen ist, die Crew wechselt, Offiziere und Kapitän öfter. Einmal kam ein Kapitän an Bord, der alle schikaniert hat. Besonders unser Steward hatte unter ihm zu leiden. Trotzdem blieb der Steward freundlich und zuvorkommend gegenüber dem Kapitän. Aber es schien, je freundlicher er war, desto mehr wurde er hin und her kommandiert. Heute nennt man das Mobbing, damals war es genauso unerträglich.

Nach mehreren Wochen an Bord wurde der Kapitän sehr krank, er hatte Magenprobleme. Die Magenschmerzen wurden immer schlimmer. Schließlich war er so krank, dass er das Schiff nicht mehr führen konnte. Er wurde vorzeitig abgelöst und man brachte ihn in einer fernen Hafenstadt ins Krankenhaus. Dort konnte man ihn aber nicht heilen, so starb er qualvoll nach wenigen Wochen.

Man unternahm eine Autopsie, um die rätselhafte Todesursache herauszufinden. Die Ärzte fanden ein Knäuel winziger Metallspäne in seinem Magen; sie hatten die Magenwand nach und nach aufgerieben. Das ist zwar nicht der korrekte medizinische Befund, beschreibt die Situation aber treffend. Die Metallspäne waren offensichtlich von Stahlschwämmen abgeschnitten worden, wie sie jedermann zum Reinigen von Bratpfannen, Spülbecken oder Edelstahltöpfen in allen Küchen der Welt verwendet...

Abends in der Mannschaftsmesse zaubere ich manchmal etwas für die Crew. Zaubertricks mit Gummibändern haben sie noch nie gesehen. Ein Kartentrick aber, bei dem die Karten mit der Bildseite nach oben und nach unten vermischt werden, hat es ihnen besonders angetan. Sie können es nicht glauben, dass nach einem kurzen Riffeln alle Karten wieder gleichmäßig mit der Rückseite nach oben liegen … bis auf die zu Beginn gewählte Karte. Jetzt wollen sie mich reinlegen und geben mir ein altes aufgequollenes, klebriges Kartenspiel von doppelter Dicke und wollen den gleichen Trick noch einmal sehen. Mit Schweiß auf der Stirn schaffe ich es. Als sie noch mehr sehen wollen, vertröste ich sie auf die Grillparty am nächsten Abend.

Eine Grillparty

Auf Frachtschiffreisen ist es üblich, dass eine Grillparty stattfindet, vorzugsweise während einer längeren Seestrecke. Das ist immer ein Höhepunkt sowohl für die Crew als auch für uns Passagiere. Unsere Grillparty findet leider in drei getrennten Räumen statt: In der Offiziers-Messe ist ein kleines Buffett für alle aufgebaut.

Die Mannschaft sitzt die meiste Zeit im *Crew's Messroom,* die Offiziere und Passagiere in der *Officers' Lounge.* Das habe ich noch nie so erlebt. Es kommt auch keine, sonst übliche, ausgelassene Stimmung auf. Ich pendele hin und her, zaubere erst etwas für die Crew, dann für die Offiziere, dann für die Crew, dann wieder für die Offiziere. Es lassen sich nur wenige bewegen, in die *Officers' Lounge* zu kommen. Aufmerksamkeit und Applaus sind groß, aber nach meiner Vorführung setzen sich die einen gleich wieder vor den Fernsehapparat und die anderen daddeln auf ihren Smartphones rum. Gespräche sind eher selten und verlaufen zäh. Rückblickend glaube ich, dass es nicht nur an den getrennten Räumen lag. Das Verhältnis zwischen Kapitän und Crew war nicht das Beste, das konnte man deutlich spüren.

Ankunft in Australien

Nicht weit entfernt wird ein Viehtransporter beladen, noch riecht man nichts

Road Trains bringen das Vieh direkt an die Verladerampe

Schöner Blick vom Schiff in die andere Richtung auf Fremantle

Samstag, 17. Dezember 2016 um 0600 kommt die Durchsage: *"All crew and passengers, please procede to the ship's office for immigration."* Die Beamten der Einwanderungsbehörde sind da, ganz früh wie angekündigt. Trotz der frühen Uhrzeit nehme ich die Treppe und nicht den Fahrstuhl. Mir kommen einige Crew-Mitglieder entgegen, die schon „abgefertigt" sind. Das Office ist voll, alle stehen hintereinander in Reihe; ein Beamter der Behörde hält den Pass hoch, schaut einen streng prüfend ins Gesicht und sagt ok. Wir Passagiere müssen noch eine besondere Einwanderungskarte ausfüllen und bekommen eine gesonderte Einweisung durch den Beamten. Alles ist geklärt bis auf die Frage, wer den Einwanderungspass von 55 AU$ bezahlt; wir oder CMA? Wir weigern uns alle, so bleibt diese Frage offen. Vielleicht muss ich dann bei der Ausreise bezahlen? Nach einer halben Stunde ist alles erledigt, ich gehe direkt zum Frühstück.

Es ist angenehm frisch, aber die Sonne sticht schon. Ich gehe runter ins Schiffsoffice; unten am Kai sehe ich einige Seeleute, bereit, in den Seemanns Club zu fahren. Ich sprinte wieder hoch auf meine Kammer, werfe Kamera, Geldbörse und Laptop hastig in meinen Rucksack und renne wieder runter. Gerade noch geschafft! Es ist immer besser, wenn man nicht allein in einen unbekannten Ort fährt. Die Seeleute kennen den Club und wissen, wie es am Gate und auf dem Weg in den Seemannsclub abläuft. Ich will nur dahin, um Internet zu nutzen, meinen abgelaufenen *Mircosoftaccount* aktivieren, um *word* wieder ungehindert nutzen zu können.

Mit Shuttle zum Gate, dort die Kopie meines Passes vorgezeigt, in eine Liste eingetragen und schon sind wir durch. Der Mann am Gate hatte bereits den Club angerufen; keine 5 Minuten später holt der Fahrer uns ab und bringt uns zum nahegelegenen *Stella Maris Seafarer's Club*, so der genaue Name.

Dort bin ich sofort online gegangen, es ist der dritte Versuch, meinen Account zu aktivieren. Um es kurz zu fassen, trotz online-Hilfe dauert es über zwei Stunden. Ich „verschleiße" drei Microsoft-Mitarbeiter im Chat bis endlich die richtige Software installiert ist und ich nun wieder alle Apps benutzen kann. Ich habe mich schließlich doch entschlossen, *office 365 personal* für 69 € zu kaufen. Aber die Installierung ist sehr kompliziert, weil ich mich in Australien befinde, mein Laptop aber eine deutsche E-Mail-Adresse hat, außerdem braucht das „alte" office nicht deinstalliert zu werden. Das alles herauszufinden dauert seine Zeit. Jetzt läuft alles wie ich mir das vorstelle. Das wäre geschafft, dafür ist leider ein Rundgang durch Fremantle ausgefallen.

Um 1310 geht es in den Hafen zurück, ein kleiner Chat mit der Fahrerin, die früher in der Schule mal Deutsch gelernt hatte, und um 1340 bin ich wieder auf meiner Kammer. Wie so oft verzögert sich die Abfahrt. Als wir am Morgen losfuhren, galt *shoreleave* 1400, jetzt ist 1600 angegeben. Mal sehen, wann es wirklich losgeht. Wenn das heute früh klar gewesen wäre, hätte ich die Zeit gut nutzen können, um Fremantle etwas kennen zu lernen. So ist das leider auf Frachtschiffreisen.

Das ist nun mein erster Tag in Australien, völlig unspektakulär, ohne jede touristische Unternehmung, da ich (fast) nichts von Fremantle gesehen habe. Aber ich bin auch so zufrieden, weil der Status Quo auf meinem Laptop nun wiederhergestellt ist, und das ist für mich auch viel wert.

Auf dem Schiff ruhe ich mich erstmal aus, das frühe Aufstehen und die Hitze im Ort und Hafen machen sich bemerkbar. Der Gestank vom Viehtransporter nebenan dringt durch alle Ritzen. Erst später, als er weg ist, wird die Luft wieder rein. Nun ist der Wind auch gleich viel kühler, so dass ich das Fenster weit öffnen kann. Im Abendlicht schieße ich noch einige Fotos; die

Hafengegend sieht für einen Container- und Industriehafen erstaunlich attraktiv aus.

Erst um 2000 fahren wir los. Etwas möchte ich noch erwähnen, was m.E. treffend ist für dieses Schiff: Es besteht ja immer noch das Brückenverbot ab 1800, deshalb stehen wir Passagiere zunächst draußen auf der Brückennock, der Wind weht kalt. Es ist der Erste Offizier und nicht der Kapitän, der uns hereinwinkt. Ich hoffe, er bekommt keinen Ärger für seine Insubordination.

Der Erste erhält von mir sowieso Bestnoten; von ihm habe ich nicht ein einziges negatives Wort gehört, er hat alles erlaubt, wenn man es nur gut begründet.

Fremantle bis Melbourne

Über vier Tage sind wir von Fremantle bis Melbourne unterwegs. Im Atlas sieht diese Strecke überhaupt nicht lang aus, aber die Entfernungen in Australien sind riesig. Der Seegang in der Großen Australischen Bucht ist stark. Er nimmt erst ab, als wir unseren Kurs von Südost auf Nord Richtung Melbourne verändern. Die Temperaturen sind merklich kühler, so um 13°C. Ich bereite mich auf den Landaufenthalt in Australien vor.

Schon vor der Abreise in Hamburg hatte ich mit dem für uns zuständigen Hafenagenten in Melbourne Kontakt aufgenommen. Er hat mir freundlicherweise zugesagt, eine Tasche mit Sachen, die ich an Land nicht brauchen werde, von der Puccini auf mein nächstes Schiff, das eine Woche später nach Melbourne kommt, zu bringen. Dadurch wird das Reisen an Land einfacher für mich, weil ich nun nicht alles mitschleppen muss. Er bittet mich nur, alles fest zu verpacken und ihm eine Inhaltsliste für den Zoll zuzusenden. Das ist per E-Mail schnell erledigt. Bevor ich das Schiff verlasse, wasche ich noch meine ganze Wäsche; es ist einfach nur praktisch, dass man die Waschmaschinen an Bord benutzen kann. Nun werde ich für die kommenden Tage an Land keinen Waschtag einplanen müssen.

Bei der langen Revierfahrt bis Melbourne dürfen wir erst ab 2000 auf die Brücke. Uns kommt ein Autotransporter entgegen, der Kapitän erzählt uns, dass er dieses Schiff vor einigen Jahren vor Alaska gesehen hat, wie es mit 85° Schräglage dort gelegen hat. Die Crew sei in Sicherheit gebracht worden, was mit den PKW wurde, wisse er nicht. Aber das Schiff fährt wieder. Diese Geschichte erzählt er noch einmal lang und breit den Lotsen – so gesprächig war er auf der ganzen Reise nicht. Vielleicht ist er froh, dass er uns morgen los ist; wir sind es jedenfalls. Um 2200 grüßen uns aus großer Entfernung die ersten Lichter von Melbourne. Ich ziehe mich müde auf meine Kammer zurück und schlafe in froher Erwartung ein.

Freitag, 23. Dezember 2016

Um 0700 klingelt das Telefon, der Zoll wartet unten im Schiffsoffice. Also runtergerannt, erst Passkontrolle dann raufgegangen zur Gepäckkontrolle auf der Kammer; sehr gründlich durchwühlt ein Beamter meinen Koffer, den ich glücklicherweise noch nicht ganz fertig gepackt hatte. Die Kontrolle ist zwar nicht so nervig wie die in Callao, Peru, vor einem Jahr, aber fast.

Ein Australier, der die Sicherheitsbehörde vertritt, spricht mich später sehr freundlich an. Er war im letzten Sommer zu Besuch in Österreich und Deutschland gewesen und äußert sich sehr positiv über Bundeskanzlerin Merkel und die deutsche Flüchtlingspolitik – ganz im Gegensatz zu Australien, sagt er, das die Flüchtlinge sehr unmenschlich behandele. Der Mann ist mir sehr sympathisch, ich freue mich auf Australien.

Ungeduldig warte ich auf den Hafenagenten, der kommt später an Bord als angekündigt. Als ich ihm meine Tasche übergebe, habe ich ein gutes Gefühl, dass ich sie auf der CMA CGM Mozart wiedersehen werde. Es gelingt mir, mich von fast allen Seeleuten zu verabschieden. Die erste Etappe meiner Reise ist nun abgeschlossen: Um 1015 gehe ich von Bord, fahre mit dem Shuttle zum Gate, dort ruft der freundliche Sicherheitsmann ein Taxi, das mich für 25 AU$ ins Hotel bringt.

Um kurz nach 11 Uhr ist dort tatsächlich schon ein Zimmer fertig. Ich packe schnell ein paar Sachen in den Schrank und um 11:45 Uhr ziehe ich erwartungsvoll los, Melbourne einen ersten Besuch abzustatten. Mein Landaufenthalt in Australien beginnt.

Etappe II: Melbourne und Sydney

Melbourne

Freitag, 23. Dezember 2016

Um 12 Uhr beginnt der echte Australienteil. Auf der Swanston Road ist viel los, kein Wunder am Tag vor Weihnachten. In den ersten 15 Minuten sehe ich gleich zwei Straßenzauberer. Ich gehe bis zur Flinders Street, dann am Yarra Fluss entlang und durch diverse Straßen im Zick-Zack zurück. So mache ich das meistens am ersten Tag in einer neuen Stadt; losgehen, ohne bestimmtes Ziel, sich treiben lassen und sehen, was sie so zu bieten hat. Im Zentrum von Melbourne kann man alles zu Fuß machen.

Die Flinders Street Station

Nach vier Stunden bin ich wieder im Hotel, ruhe etwas mit cool down und ziehe um kurz vor 18 Uhr wieder los, zunächst durch Chinatown. Am anderen Ende stoße ich auf *Her Majesty's Theatre* und hole mir ganz spontan ein *Half-price-ticket* für das Musical *Kinky Boots* – für 50 AU$ statt 135 (etwa 35€). Das Musical gefällt mir sehr gut, es ist ein gelungener Auftakt. Nach dem Theater trinke ich eine Pint Lager in einem englischen Pub und ziehe dann weiter durch die nächtlichen Straßen, auf denen noch viel Betrieb herrscht.

An jeder zweiten Ecke stehen Musiker oder Straßenkünstler, alle von einer Traube Zuschauer umringt. Vor dem Kaufhaus Myers zieht mich eine endlose Menschenschlange an. Alle Schaufenster sind dekoriert mit Motiven und Geschichten zu Weihnachten, besonders für Kinder, die alle noch so spät aufbleiben dürfen und geduldig anstehen. Solche Resonanz habe ich noch nirgendwo gesehen. Doch jetzt spüre ich die Müdigkeit – es war ein langer, angefüllter erster Tag – und bin froh, dass mein Hotel ganz in der Nähe im Zentrum liegt.

Samstag, 24. Dezember 2016

Um sechs Uhr früh geht es los zum Joggen: Vom Hotel die Swanston Road runter bis an den Yarra-River, dann immer am Ufer entlang mit Sicht auf das ehemalige Olympiastadion. Es herrscht eine wunderschöne, stille Atmosphäre, es macht richtig Spaß, auf olympischem Grund zu laufen. Auf Höhe einer großen Sporthalle mache ich ein paar kurze Dehnübungen und jogge über die Brücke, auf der anderen Flussseite zurück, auch hier attraktive Aussichten auf Yarra-River und Flussufer. Ich bin richtig froh, endlich mal wieder früh am Morgen losgelaufen zu sein.

Nach dem Duschen folgt ein ausgiebiges Frühstück. Für heute habe ich mir eine Stadtrundfahrt vorgenommen, so komme ich auch in die weiter auswärts liegenden Bezirke. Ich bin ja sonst immer im Zentrum, aber da gibt es wirklich genug zu sehen. Auffällig sind die vielen verschiedenen Menschentypen hier. Manche Australier, denke ich, sehen aus wie *Rednecks*, aber ich kann natürlich nicht in ihre Köpfe reinschauen. Viele Asiaten laufen hier rum, kein Wunder, Korea, China etc. sind ja auch nicht so weit weg. Ich entscheide mich für die billige Variante für 10 AU$ statt 45; das Ticket gilt trotzdem für zwei Tage, deswegen schaue ich auch, wo ich dann bei meiner zweiten Runde aussteigen sollte.

Beim Olympiastadion bleibe ich im Bus, es ist jetzt ein Cricket Stadion – wenig attraktiv. Das Sportmuseum nebenan ist auch mehr auf nationale Sportarten ausgerichtet und weniger auf Olympia, deswegen streiche ich beides sofort von meiner Besuchsliste. Beim *Queen Victoria Market* (*Foto*) steige ich aus und schlendere in der Hitze durch die Reihen der Verkaufsstände.

Die haben stolze Preise hier, selbst ein Elektro-Umstecker ist teurer, als er im Hotel angeboten wird. Ich will mich mit nichts belasten und kaufe nichts. Ich steige dann später an der Collins Street noch einmal aus und gehe den Weg zurück zum Hotel, genieße einen guten Kaffee (Melbourne gilt als Kaffee-Hauptstadt Australiens) mit einem leckeren Bananenbrot, passiere einige schöne Arkaden und volle Kaufhäuser. Dann bin ich wieder zurück zum Cool-down auf dem Zimmer. Im Vergleich zu Rio mache ich jetzt nur einmal am Tag zwischendurch Pause, nicht zweimal; so heiß ist es hier nicht.

Zum Essen bestelle ich mir im Hotelrestaurant das 3-Gänge-Menü, es ist gut und relativ preiswert (45$). Doch es ist nichts los und auch nicht festlich gedeckt. Meine Anzughose und das weiße Hemd hätte ich zu Hause lassen sollen! Alle tragen hier legere Kleidung. Ich spüre nicht die geringste Weihnachtsstimmung. Um 21 Uhr, es wird gerade dunkel, ziehe ich noch einmal los und bummele durch die abendlichen Straßen.

Hier ist jetzt noch mehr Betrieb als am Abend zuvor: Straßenmusikanten verschiedenster Art, vom Didgeridoo über Rockbands, ein Schrott-Schlagzeuger, Sänger, Geigenspieler, natürlich Straßenzauberer, Akrobaten, Marionettenspieler, ein Ballonmodellierer, silbern und gold eingefärbte *silent acts*, Verkäufer usw. Etwas enttäuschend war, dass auf dem Hauptplatz

(Federation Square) auf einer großen Leinwand bloß eine TV-Sendung – mit den üblichen Werbeeinblendungen – gezeigt wurde. Da hätten sie sich ruhig etwas mehr einfallen lassen können, wie z.B. das Kaufhaus Myers. Ich glaube kaum, dass das mit den vereitelten, terroristischen Anschlägen zu tun hat. Vor zwei Tagen ist eine islamistische Bande verhaftet worden. Sie hatte Sprengstoffanschläge auf den Platz, die benachbarte St. Pauls Kathedrale und die Flinders Street Station geplant, sind aber glücklicherweise vorher aufgeflogen.

Meine Lieblingsansicht ist die Illumination auf der Bourke Street. Lampen in Form von Glocken leuchten in 8er Reihen und bilden ein farbiges Dach über etwa 400 Meter Länge. Über 5000 Glocken leuchten abwechselnd in verschiedenen Farben und Rhythmen. Alles ist aufeinander abgestimmt, ein wunderschönes

Bild. Mir gefällt besonders eine einzige Glocke, die immer anders leuchtet. Ich bin mir sicher, dass die meisten Passanten dies nicht bemerken.

Alle Glocken leuchten rot, die Birnen gelb, aber diese einzelne strahlt in Grün und Blau. Dann wechseln alle die Farbe in gleichmäßigem Rhythmus von hinten nach vorn, wie eine Welle, doch diese einzelne bekommt den Rhythmus nicht mit und wechselt einen Moment später, aber in eine ganz andere Farbe. Gleich welchen farbigen Rhythmus alle Glocken einschlagen, unsere einzelne Glocke scheint ihren eigenen Willen zu haben, verändert ihre Farbe total unabhängig von allen anderen zu einem eigenen Zeitpunkt, nach einem eigenen Rhythmus.

Ich stelle mir eine Parade vor mit 5000 Soldaten, das Gewehr über der Schulter, Uniform geschniegelt und gebügelt, wie sie in Reih und Glied in ihren schwarz-gewienerten Schaftstiefeln auf dieser Prachtallee entlangmarschieren. Nur dieser eine „Soldat" tanzt aus der Reihe und macht seine eigenen Faxen. Mir gefällt das Bild und auch diese Assoziation, besonders dieser mutige Soldat, der seine Individualität betont und bewahrt. Es passt gut in die Weihnachtszeit, in der alle scheinbaren Individuen doch gleichförmig in die Geschäfte strömen und in einem wahren Kaufrausch sich an dem scheinbar vielfältigen Angebot letztendlich doch gleichförmiger Waren befriedigen.

Sonntag, 25. Dezember 2016

Um 6 Uhr bin ich wach. Ich entschließe mich sofort aufzustehen und runter zum Fluss zu gehen, um im Morgenlicht Fotos zu schießen – auf der gleichen Strecke wie gestern beim Joggen. An manchen Ecken ist der Blick nicht so gut wie ich dachte, aber es kommen eine Menge schöner Fotos zustande. Zurück im Hotel gehe ich gleich zum Frühstück, weil dann noch nicht viel los ist, so kann ich in Ruhe frühstücken. Das Frühstück ist mit 25 $ überbezahlt. Was da ist, ist gut, Müsli, Früchte, Eier, aber es gibt wenig Auswahl, keine Wurst, kein Käse, kein Stück Kuchen, nur Toast in drei Formen, abgepackte Butter und Marmelade.

Nach dem Frühstück ziehe ich los, aber der Rundfahrtbus fährt nicht, ebenso nicht die Tram 35, keine Bootsfahrt auf dem Fluss, kein Eureka Skydeck 88, alles geschlossen. Das hätte ich vorher rausfinden können, da war ich zu nachlässig. Ich entschließe mich dann, mit der Tram 11 zum Victoria Harbour, beim Etihad-Stadion zu fahren.

Morgenstimmung am Yarra River

Außer sengender Hitze ist da auch nicht viel los, in einigen Lokalen spachteln große Familien an langen Tischen, aber sonst wird überhaupt nichts geboten.

Victoria Harbour, an Weihnachten ist hier „Tote Hose".

Zurück im Zentrum ist etwas mehr Betrieb, aber kein Vergleich zu gestern. Die Siesta im Hotel kommt passend. Touristisch etwas unternehmen kann man an diesem Tag nicht. Das sollte ich für den 1.Januar bedenken.

Beim Abendessen im Hotelrestaurant ist es heute richtig voll, ich ergattere noch den letzten Tisch. Ich bestelle das 3-Gänge-Menü, etwas teurer als am Vortag, dafür qualitativ schlechter. Der Roast Turkey ist wenig „roast" und das Dessert reicht bei weitem nicht an das des Vortages heran. Egal, das ist ein Grund schneller aufzustehen und auf die Straße zu gehen.

Im Gegensatz zum Vormittag herrscht jetzt reger Betrieb auf den Straßen. Das Unterhaltungsprogramm ist genauso abwechslungsreich wie gestern, aber jetzt „kenne" ich schon die meisten Darbietungen.

Montag, 26. Dezember 2016

Heute mache ich die zweite Rundtour mit dem Bus. Ich steige in *Little Italy* aus und genehmige mir einen Kaffee und ein Stück Kuchen. Nach einer knappen Stunde geht es weiter, aber vieles hat auch heute geschlossen, der Victoria Market ist vollkommen leergefegt, auch am Victoria Harbour ist wieder wenig los. Beim Stopp am Yarra River steige ich aus, um auf den Eureka Skydeck 88 zu gehen. Leider ist es bewölkt, aber dafür gibt es keine Warteschlangen. Der Rundblick ist etwas getrübt, die Fotos werden auch nicht so gut. Es fängt dann auch an zu regnen und die letzten Meter zurück zum Hotel werde ich noch nass.

Abends bummele ich los und nehme von Melbourne Abschied. Ich spaziere am Südufer entlang, eine schöne Promenade, passiere das riesige Crown Hotel, das mit den vielen Spieltischen und -automaten und dem nervtötenden, schrillen Klimpern mich stark an Las Vegas erinnert. Zurück im Hotel packe ich Koffer und Rucksack für den morgigen Flug.

Sydney

Dienstag, 27. Dezember 2016

Das Auschecken im Hotel geht flott, der Transfer mit dem Taxi ebenso, da Feiertag ist und wenig Verkehr herrscht. Der Flug nach Sydney verläuft reibungslos. Nur 45 Minuten nach dem Touchdown auf der Landebahn checke ich in meinem Hotel ein. *Opal Card*, für den öffentlichen Nahverkehr, kaufen, auf Koffer warten, mit Airlink und Taxi bis ans Ziel, alles geht schnell. Das ist persönlicher Rekord! Der lag bisher bei 52 Minuten in London Heathrow. Das ist so eine Marotte von mir. Auf meinem Zimmer mache ich mich kurz frisch und ziehe sofort los zum Circular Quay, keine 10 Minuten vom Hotel entfernt. Sydney ist noch größer, das Zentrum noch bombastischer als Melbourne.

Das wird ein erster toller Rundgang, linkerhand die Fähranleger, dann ein Kreuzfahrtschiff, weiter die Spannbogenbrücke und geradeaus das pompöse Gebäude der *Sydney Opera (Fotos)*

Hier wollte ich hin, ich fühle mich beschwingt und stolziere auf und ab, genieße Ausblick, Kaffee und Kuchen und fühle mich wie „Gott in Südaustralien". Nach einem Imbiss im Hotel ziehe ich später noch einmal los, das Kreuzfahrtschiff hat abgelegt, jetzt herrscht eine ungewohnte Stille im Hafen, wahrscheinlich, weil der letzte Weihnachtsfeiertag nun vorbei ist.

Mittwoch, 28. Dezember 2016

Ziemlich früh gehe ich schlafen, bin aber um 6 Uhr schon wieder auf, um eine besondere Jogging-Runde zu drehen: runter zum Circular Quay, dann bis zur Oper, jetzt sind nur wenige Leute unterwegs. Der Blick auf Brücke und Bucht ist fantastisch, die Atmosphäre ruhig bevor die Hektik des Tages beginnt. Deshalb umrunde ich gleich dreimal die Oper und jogge in Schleifen zurück, weil der Botanische Garten noch geschlossen ist. Das waren nur kurze 30 Minuten, aber mit Sicherheit einer meiner schönsten Morgenläufe überhaupt.

Für heute ist die Stadtrundfahrt angesagt. So bekomme ich den besten Eindruck von der Stadt. Nach der ersten Schleife durchs Zentrum will ich an der Central Station umsteigen und mit einem anderen Touristenbus zum Bondi Beach fahren. Aber es kommt alles ganz anders.

Beim Aussteigen stehe ich wohl etwas zu dicht an der Tür, sie öffnet sich mit einem Ruck, ein stechender Schmerz in meinem linken Fuß und einen Moment später stelle ich fest, dass die Tür mir fast den linken Zehennagel weggesäbelt hat. Der Nagel steht senkrecht nach oben, es fängt an zu bluten. Es dauert ein wenig bis ich alles begreife. Ich mache mich humpelnd auf den Weg zur nahen Erste Hilfestelle. Nach einigem Herumfragen finde ich sie, ein freundlicher Bahnmitarbeiter ruft Hilfe herbei, weil dort kein Sani anwesend ist. Nach einer knappen Stunde bin ich fürs erste versorgt, aber mir wird langsam klar, ich muss ins Krankenhaus mit dem Fuß. Wie schnell so etwas passieren und die fast euphorische Stimmung kippen kann; wenn ich jetzt die falsche Entscheidung treffe, kann diese Verletzung böse Folgen haben und die ganze Reise in Gefahr geraten. Also fahre ich mit Taxi in die Notaufnahme ins St. Vincent Hospital, wo ich wieder über zwei Stunden rumsitze, bis ich „verarztet" werde.

Kurzgefasst, ich bekomme zunächst eine Tetanusspritze verabreicht, dann wird der Nagel entfernt und der große Zeh verbunden. Ich brauche überraschenderweise nichts zu bezahlen – zu Anfang hatte man gesagt, ich müsse mindestens mit 130 AU$ rechnen. Das hätte mir angesichts dieser ernsten Verletzung nichts ausgemacht. Zurück im Hotel denke ich zunächst die neue Situation durch. Der Zeh ist gut versorgt, der Verband behindert mich nur gering, ich kann fast normal humpelnd gehen. Aber ich darf es auch nicht übertreiben. Ich muss mein Programm für Sydney wohl etwas umstellen.

Am Abend begebe ich mich runter ins Gewühl am Circular Quay, um etwas zu essen. Im Touristentempo kann ich mich gut bewegen, so dass ich etwas optimistischer werde. Für den nächsten Tag habe ich mich entschlossen, eine Einladung zum Lunch bei Manfred und Janet Raddatz draußen in Gladesville anzunehmen. So kann ich am besten etwas unternehmen, ohne den Fuß zu sehr zu belasten. Im Zentrum herumhumpeln wäre sicher die falsche Entscheidung.

Donnerstag, 29. Dezember 2016

Mit der Fähre geht es flott bis *Hunter's Point*, wo mich Manfred abholt. Es sind auch zwei deutsche Auswanderer-Ehepaare da, die etwa zur gleichen Zeit (50er Jahre) nach Australien ausgewandert sind wie Heidys und Manfreds Familie. Es ist ein hochinteressanter Nachmittag mit Essen, Erzählen und Zaubern. Wann hat man als Tourist schon mal die Möglichkeit, solche Leute zu treffen und aus erster Hand zu erfahren, wie es Einwanderern hier ergangen ist. Meinem Fuß bekommt die geringe Aktivität auch gut.

Mit der Fähre zurück geht es dank Opal Card unkompliziert und schnell. Abends drehe ich noch eine kleine Runde um den Block und beschließe, nichts mehr zu essen, was auch gut ist.

Freitag, 30. Dezember 2016

Ich packe, checke aus, gebe Koffer und Taschen ab und gehe zur *State Library*. Die Ausstellungen sind ok aber nicht besonders spannend. Ebenso wenig interessant für mich ist das Sydney Museum. Egal, um 16 Uhr holen mich Raddatz' ab. Wir machen noch etwas *Sightseeing,* von *Locals* angeleitet, super:

Zuerst zum *South Head* der *Watsons Bay,* gerade fährt ein Kreuzfahrtschiff raus, ein anderes rein. Dann geht es weiter zum *Bondi Beach.* Jetzt sehe ich den doch noch. Mitten durch die Stadt – einige wenige Ecken kenne ich nun schon – geht es dann nach Gladesville, wo ich die nächsten drei Nächte verbringe. Das spart mir unglaubliche 1400 € an Übernachtungskosten in Sydney ein, denn an diesen Tagen gibt es hier keine preiswerten Unterkünfte. Ich bin froh, dass ich mit Heidys Hilfe, einer Freundin aus dem Alten Land, diesen Kontakt knüpfen konnte.

Samstag, 31. Dezember 2016

Ich lasse es langsam angehen. Dieser Tag wird noch turbulent genug. Es ist schön, etwas auszuspannen, ich kann meine E-Mails abrufen und mich in Ruhe auf den Abend, die Party und die Rückfahrt (das stellt sich noch als wichtig heraus) vorbereiten. Um 14 Uhr fährt mich Manfred zur Bushaltestelle und zeigt mir ein paar Punkte, die ich mir merken muss. An der *Town Hall* steige ich aus, trinke dort einen Kaffee zum *Bananabread.* Früh fahre ich zu Friedhelm, den hier alle Karl nennen. Jetzt komme ich noch leicht durch, aber später soll hier alles abgesperrt sein und kontrolliert werden. Einige Deutsche sind schon da, es ergeben sich anregende und lustige Gespräche. Es kommen immer mehr Gäste, die Stimmung ist natürlich gut. In der Wohnung ist es echt eng, aber man kann ja auch draußen sitzen.

Hier zum besseren Verständnis in Kurzform: Vor einigen Jahren ist Friedhelm, ein Zauberfreund und Architekturprofessor, dem Ruf einer Universität in Sydney gefolgt. Er ist immer noch dort tätig. Er hat am 31.12. Geburtstag und feiert ihn mit einer zünftigen Party. Er wohnt an der Lavender Bay mit Blick auf die Brücke. Ideal für das Feuerwerk zum Jahreswechsel.

Irgendwann vor 2100 ruft Friedhelm alle zusammen für die erste Zaubershow. Mick, ein versierter Varieté-Künstler, macht mit seiner Ukulele den Auftakt. Dann folge ich mit meiner Gummibandroutine, einem passenden Kartentrick und einem humorvollen Gedankenlesen. Den Abschluss bildet Friedhelm, etwas kurz, weil das erste Feuerwerk beginnt. Alle laufen raus und suchen sich die besten Plätze. Die Brücke ist aus unserer Position etwas versteckt, aber das Feuerwerk sehen wir gut. Anschließend gibt es noch eine zweite Zaubereinlage, bei der ich Tricks zum Mitmachen für alle zeige. Friedhelm schließt ab mit zwei Kartenkunststücken und *Paperballs over the head*. Die Stimmung ist grandios, der Beifall herzlich bis stürmisch. Ich zaubere noch in kleinem Kreis weiter, es macht sehr viel Spaß.

Um 23:30 Uhr will Kevin schon gehen. Er hatte missverständlich angeboten mich nach Gladesville zu fahren, doch er ist mit Bus und Zug gekommen. Immerhin finde ich mit seiner Begleitung die richtige Bushaltestelle, was schwierig ist, da im Zentrum gebaut wird und alle Haltestellen verlegt sind. Das Feuerwerk schauen wir uns oben von der Straße aus an und sind dadurch deutlich vor den Massen in der Bahn. Auf meinen Bus muss ich länger warten. Irgendwann ist er an der „Tennison Road" und ich gehe den relativ langen Weg mit einem Australier (auch Einwanderer aus irgendwoher) zurück. Das hätte auch anders laufen können bei den Menschenmassen und dem Chaos im Zentrum. So habe ich alles gefunden und bin zeitig um halb zwei im Haus, auch wenn ich noch sehr gern länger geblieben wäre.

Sonntag, 1. Januar 2017

Ich schlafe lange und verbummele den Vormittag mit Lesen. Am frühen Nachmittag brechen wir auf zu einem Lieblingsstrand der Familie Raddatz nördlich von Sydney, Colleroy. Das Wetter wird ungemütlich mit Nieselregen und kühlem Wind, so sitzen wir nur kurz am Meeresswimmingpool, trinken einen Kaffee und fahren den weiten Weg wieder zurück. Mir ist es sehr angenehm, dass es nicht so heiß ist und wir nicht so viel laufen; ich bin doch noch ganz schön müde. Nach einem schnellen Abendessen mit Pizza lege ich mich schon früh um halb zehn ins Bett.

Montag, 2. Januar 2017

Nach dem Frühstück stopfe ich meine Sachen in Rucksack und Beutel und um 1100 fährt mich Manfred zur Fähre. Ich bin der Familie Raddatz sehr dankbar, dass ich bei ihnen wohnen konnte. Es war die ideale Lösung für mich; denn außer Silvester hätte ich auch im Zentrum wenig unternehmen können – siehe Melbourne.

Die Fähre zurück geht flott mit schönem Blick auf Brücke, Oper und Lavender Bay. Am Circular Quay ist viel Trubel, aber ich habe nur wenig Gepäck und komme gut durch die Massen. Im Hotel kann ich schnell einchecken, werde als *most welcome* Stammgast begrüßt und erhalte zwei Freibier und ebenso gratis einen „late check-out" bis 16:00 Uhr; das passt mir sehr gut in den Kram. Ich breche gleich wieder auf, Richtung *Darling Harbour* und *Chinese Garden*. Dort genehmige ich mir einen gemütlichen *Afternoon-Tea*, ganz in Ruhe, das passt gut zur entspannenden Umgebung hier, spaziere erst durch den Garten und weiter zum Darling Harbour (*Foto, folgende Seite*).

Das Getümmel ist beträchtlich, es macht aber Spaß hier entlang zu schlendern. Ich gehe kreuz und quer und mit mehreren Fotostopps über die Fußgängerbrücke, ganz ohne Eile, obwohl ich durchaus ein Ziel habe, *Seafarers' Centre*, um mich für den Transfer in den Hafen anzumelden. Auf dem Weg dorthin treffe ich auf die Reste eines schweren Verkehrsunfalls, oder ist es doch ein Denkmal?

Im Seemannsclub angekommen trinke ich ein Bierchen und schnacke eine Runde mit dem freundlichen Seelsorger. Dann ziehe ich weiter zu *the Rocks*, um die Ecke. Ich verspeise ein Steak am Circular Quay, drehe zum Abschied eine letzte Runde um die Oper. Dann schlage ich die Richtung zum Hotel ein, trinke meine zwei Gratis-Biere und gehe zufrieden zu Bett; die Tage in Sydney habe ich trotz Verletzung noch gut nutzen können.

Dienstag, 03. Januar 2017

Das Queen Victoria Building von außen und von innen

Mein allerletzter Tag in Sydney. Ich habe gut geschlafen und gehe zu meinem letzten Frühstück runter ins Restaurant: Müsli, Käse-Omelett, Croissant, Früchte und Joghurt, ich genieße es. Ich will auf Nummer Sicher gehen und suche eine *Medic Clinic* in der Nähe auf. Sie liegt über einer Apotheke, ist wie eine Privatpraxis bei uns und ich brauche nur 15 Minuten zu warten. Ein Dr. Lomis schaut sich meinen Fuß an. Der Zeh heilt gut, meint er, verbindet ihn neu und fertig bin ich. Es wäre sicher auch ohne diesen Arztbesuch gegangen. Aber angesichts der kommenden langen Seereise ohne irgendeine ärztliche Versorgung bin ich nun beruhigt.

Heute mache ich nur kurze Stippvisiten: durch das QVB, *Queen Victoria Building,* eine schöne Arkade, auf die Pyrmont Brücke, eine kurze Kaffee- und Kuchenpause. Zurück zum Hotel, dort dusche ich, was ein fast akrobatischer Akt ist, um den Verband an der linken Fußspitze trocken zu halten.

Dann heißt es endgültig die letzten Sachen in Koffer und Rucksack packen, auschecken und mit dem Taxi zum Seafarer's Club fahren. Ich unterhalte mich dort wie am Vortag angeregt mit dem Kaplan und dem Fahrer, gehe zum Essen beim nahegelegenen Inder und drehe anschließend eine kleine Verdauungsrunde durch *the Rocks.* Um Punkt 1900 fährt der Shuttlebus los. Dieser Transfer ist kostenlos, also habe ich 270 AU$ eingespart. Soviel hätte der Agent für den von ihm organisierten Transfer berechnet. Damit ist die zweite Etappe beendet. Wegen der Verletzung meines Zehs war ich zwar etwas eingeschränkt, aber nicht entscheidend, so konnte ich all das sehen, was ich mir ursprünglich vorgestellt hatte. Ich freue mich nun auf die lange Schlussetappe von Sydney bis Hamburg. Was da wohl alles passiert, zu sehen ist, an Erlebnissen und neuen An- und Einblicken auf mich zu kommt?

Frachtschiffreisen – wenn Fernweh den Kurs bestimmt!

Die Hamburg Süd Reiseagentur ist seit über 50 Jahren Ihr Ansprechpartner für Frachtschiffreisen und bietet als Hamburger Traditionsunternehmen weltweit Schiffsreisen renommierter Reedereien an. Die Frachtschiffreisen führen Sie auf alle Kontinente und Ozeane dieser Welt. Erleben Sie von einer sechstägigen Kurzreise bis zur Weltreise alles, was Ihr Fernweh-Herz begehrt!

Mit Seefahrerromantik vergangener Zeiten oder historischer Romane hat die moderne Seefahrt nicht mehr viel zu tun. Dennoch ist die Faszination geblieben, vor allem für die wenigen Passagiere an Bord. Beobachten Sie das Be- und Entladen der Container und seien Sie dabei, wenn der Lotse das mächtige Schiff aus dem Hafen manövriert. Ist der vorgegebene Kurs erreicht, kehrt Ruhe ein: Das magische Zusammenspiel von Wellen und Wolken bestimmt von nun an den Rhythmus. Mit Worten lässt sich das kaum beschreiben - man muss es selbst erleben!

Zusätzlich bieten Ihnen die Reiseexperten auch außergewöhnliche Schiffsreisen an. Sie möchten gern einmal auf einem nostalgischen Postschiff in die Fjordwelt Norwegens reisen? Ihr Traum ist es, auf dem historischen Dampfschiff den Göta-Kanal Schwedens zu befahren? Oder ist Ihr größter Wunsch vielleicht die unvergessliche

Fahrt mit dem kombinierten Post-Passagierschiff Aranui 5 die Südsee zu entdecken? Bei all diesen Reisen, die man vielleicht nur einmal im Leben unternimmt, sind Sie bei uns richtig.
Lassen Sie Ihren Träumen freien Lauf – wir kümmern uns um die Realisierung.

Als Reisebüro mit einer breit gefächerten Angebotsvielfalt stellen wir Ihre persönliche Wunschreise inklusive Flug, Hotelaufenthalt, Mietwagen und Versicherung zusammen.
Mit seiner langjährigen Erfahrung steht Ihnen das Frachtschiffreisen-Team gern für eine persönliche Beratung zur Verfügung.

Ihre Reisewunscherfüller der
Hamburg Süd Reiseagentur

Hamburg Süd Reiseagentur Frachtschiffreisen

Burchardplatz 5 - 20095 Hamburg
Telefon: 040 3705-157
Email: frachtschiff@hamburgsued-reiseagentur.de
www.hamburgsued-frachtschiffreisen.de

FRACHTSCHIFF
REISEN

Etappe III: Sydney – Hamburg

Wieder an Bord - Dienstag, 3. Januar 2017

Der Shuttle-Fahrer weiß natürlich, wo er mich absetzen muss. Ich bin sicher, dass ein Taxifahrer diesen Eingang nie gefunden hätte. Es ist nur ein unscheinbares Tor im Drahtzaun mit einer Klingel und Sprechverbindung. Ich melde meinen Wunsch zu passieren an und kurze Zeit später erscheint ein Sicherheitsmann, vergleicht meine Daten mit seiner Liste und schon bin ich drin im Hafengelände und auf dem Weg zum Schiff.

Vielleicht sollte ich noch erwähnen, dass der Security-Mann für Deutschland schwärmt, wie gut es da ist, besonders im Universitätsbereich und in der Forschung. Er würde gern dort studieren. Zwei Offiziere der CC Mozart kommen auch durch das Gate, sie wollen mit dem Shuttle in die Stadt fahren. Wir machen uns kurz miteinander bekannt, einer von ihnen teilt mir freundlich mit: *"Everybody is waiting for you."* Ein schönes Gefühl, wenn man erwartet wird.

Die Gangway schaukelt wie immer. Aber ich schaffe den Aufstieg locker, denn ich trage ja nur Rucksack und Koffer. Ich werde freundlich auf dem Schiff begrüßt, ein Foto für den Schiffspass wird schnell gemacht und rauf geht es auf die Kammer. Ich bin jetzt in 705, der Owner's Cabin, neben meiner ehemaligen Kammer auf der Puccini. Wenn ich in Gedanken bin, werde ich bestimmt oft aus reiner Gewohnheit an Nr. 705 vorbei zu meiner alten Kammer gehen. Zuerst packe ich alles in Schrank und Schubladen. Meine blaue Reisetasche ist auch da, jetzt habe ich wieder alle meine Sachen zusammen und brauche Koffer und Tasche erst, wenn ich auf der Elbe bin. Bis dahin sind es jedoch noch 46 Tage, interessante Tage, hoffe ich.

Welche Unterschiede gibt es zur Puccini?

In der Kammer keine. Die Crew scheint mir viel freundlicher zu sein. Den Kapitän treffe ich später unten auf dem *Upper Deck*. Er macht einen sehr angenehmen Eindruck und ist bestimmt mitteilsamer als sein Kollege von der Puccini. Es gibt keinerlei Einschränkungen für den Brückenbesuch (aber das hatte der Bulgare eingangs auch gesagt). Die Crew sind französische Offiziere und philippinische Mannschaft. Hier gibt man sich jeden Morgen die Hand, das ist absolut neu für mich. Was das Essen betrifft, habe ich den Eindruck, dass auf diesem Schiff gespeist und nicht nur einfach gegessen wird. Ich sitze mehr in einem Speisesaal und nicht bloß in einer Kantine wie auf der Puccini. Es schmeckt gut, weil wir einen französischen Koch haben. Zum Mittag gibt es heute Steak, riesig und sehnig, aber sehr schmackhaft, „*a small portion, please*" zieht hier nicht.

Sydney – Adelaide

Um 1440 sind alle Leinen los, die Rückreise beginnt. Ich bin sehr optimistisch, was die Fahrt, den Kapitän und die Besatzung betreffen. Ich glaube kaum, dass sich dieser erste, sehr positive Eindruck ändern wird. Wir fahren am Flughafen vorbei, wo ich die ganze Zeit schon Flugzeuge beim Starten und Landen beobachten konnte. Zwei Kurven und wir sind aus der

historischen *Botany Bay* raus im Ozean. Gut zwei Tage bis Adelaide liegen vor uns. Abends sitze ich im Lotsenstuhl auf der Brücke und genieße den Sonnenuntergang.

Good-bye Sydney – Blick zurück auf die Skyline

Ich habe die Bücher angesehen, die hier an Bord sind: Unmengen von alten, staubigen französischen Schmökern aber auch guten Büchern, die ich gern auf Deutsch oder Englisch gelesen hätte. Ein paar englische, wenig attraktive Bücher und ganz wenige in Deutsch. Da werde ich mir etwas einfallen lassen müssen und bei Landgang in meiner Online-Bücherei etwas ausleihen.

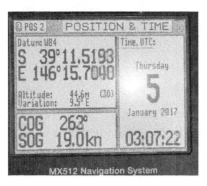

Um 1400 erreichen wir den *südlichsten Punkt* der Reise; das wird natürlich im Foto festgehalten, da wir dicht an der Küste vorbeifahren. Der zweite Offizier ist sehr freundlich und mitteilsam, ganz der Gegensatz zum „hochnäsig" wirkenden Ceylonesen auf der Puccini.

Beim ersten Rundgang ums Deck stelle ich kaum Unterschiede zur Puccini fest. Ich beschließe dann auch sofort, ein paar flotte Runden zu walken – ich nehme es als positives Zeichen, dass mein Körper nach mehr Bewegung verlangt. Es werden 6,3 km und der Zeh bereitet mir überhaupt keine Probleme. Nach dem Duschen – noch mit Plastiktüte über dem Zeh – entferne ich den Verband und belasse meinen Fuß ab jetzt auch so.

Die Uhr wurde heute Nacht 30 Minuten zurückgestellt; Adelaide ist der erste Ort für mich mit 30-Minuten Zeitzone. Das Mittagessen war wieder Super-Französisch. Danach steht ein Rundgang an Deck auf dem Programm mit kurz in der Sonne sitzen. Ab etwa 1500 kommt die Passage Festland – Kangaroo Island. Da bin ich länger auf der Brücke und fotografiere wie verrückt. Ich bin zwar immer nur wenige Minuten auf der Brückennock draußen, aber das reicht dann auch, die Sonne brennt heftig.

Das Abendessen ist wieder sehr lecker, anfangs bin ich allein, weil Kapitän und Chief Engineer Dienst haben. Aber dann kommt die zweite Ingenieurin und wir unterhalten uns anregend, obwohl ich deutlich mehr (oder zu viel?) rede. Als ich wieder auf die Brücke komme, ist der Lotse schon da und wir sind mitten in einer Slalomanfahrt zum relativ kleinen Hafen von Adelaide. Es weht ein extrem heißer Wind vom Land her; wenn ich rausgehe, sind meine Augen sofort trocken. Um 2120 sind alle Leinen fest.

Adelaide

Früh im Schiffsoffice erfahre ich die ersten Prognosen für den Tag: Ab 38°C wird im Hafen nicht mehr gearbeitet, d.h. wegen dieser Unterbrechung und der Tide fahren wir wohl erst um Mitternacht raus. Der längere Aufenthalt nützt mir aber nichts, da ich um 1400 für den Zoll bereitstehen muss. Um 930 ist der Agent an Bord und erklärt mir noch einmal die Lage, die ich schon kenne. Er sagt auch, dass die Bahn nach Adelaide heute nicht fährt. Hier gäbe es nur einen kleinen Strand und im nächsten Ort ein paar Cafés. Also entweder gleich los oder erst gegen Abend! Von der Crew geht wohl niemand los, bis auf den Koch, der zum Arzt gefahren wird. Ich sage mir, auf dem kühlen Schiff ist es auch ganz schön.

Doch dann spüre ich doch eine innere Unruhe und breche auf; mal sehen, wie weit ich komme. Bei einem Landgang ist es immer spannend, denn ich weiß nie, wie es hinter dem Gate aussieht, fast *terra icognita*, ebenso nicht, wie es weitergeht, zu Fuß, mit teurem Taxi oder fährt jemand durchs Gate, der mich mitnimmt. Vor dem Schiff steht ein LKW und bringt Proviant. Ich komme mit dem Fahrer ins Gespräch, erstens ruft er mir ein Shuttle, zweitens bietet er an, mich bis in den nächsten Ort mitzunehmen. Am Gate warte ich dann aber fast eine Stunde, kein LKW. Da kommt gerade der Koch vom Arzt zurück, der Agent hat ihn gebracht. Der fährt mich nun in den nahegelegenen Ort.

Der heißt *Semiphore* und sieht modern und hübsch aus. Im Zentrum gibt es einige Cafés und einen kleinen Supermarkt. Andrew, so heißt der junge Agent, stammt aus diesem Ort, er will mich um 1300 wieder zum Schiff fahren, super. Ich habe zwei Stunden Zeit, also einmal die Hauptstraße rauf und runter; in der örtlichen *Library* werde ich Mitglied und kann nun kostenlos in gekühlten Räumen online gehen. Dann kaufe ich ein: die bestellten Kaffeekapseln für den Kapitän, Kuchen, Müsli und Kekse für mich. Anschließend gehe ich noch schnell einen Kaffee trinken. Dann geht es mit Andrew wieder zurück und etwa 1330 bin ich wieder auf der Kammer, bereit für den Zoll. Werde ich den Einwanderungspass zahlen müssen? Der Kapitän hat mich vorgewarnt. Die Beamten sind pünktlich da, sehr freundlich und knöpfen mir keine Ausreisegebühr ab. Sie sind extra nur für mich hier raus in den Hafen gekommen. Wow.

Später am Nachmittag gehe ich mit Helm und gelber Sicherheitsweste runter auf den Kai. Wir sind das einzige Schiff im Hafen. Ich stiefele einmal ganz nach rechts, einmal ganz nach links, die Mole ist 657 m lang, das kann man auf dem Kai ablesen. Es arbeitet nur ein Kran ganz vorn. Plötzlich stelle ich fest, dass es nicht mehr so brütend heiß ist, der Wind hat gedreht, kommt nicht mehr aus dem Landesinneren, sondern jetzt frisch vom Meer. Beschwingt steige ich die 60 Stufen der schaukelnden Gangway hoch – ohne Gepäck macht es richtig Spaß, den wippenden Rhythmus aufzunehmen – und anschließend die 84 Stufen bis rauf auf meine Kammer. Dieser Tag gefällt mir sehr gut, obwohl es nicht möglich war, nach Adelaide in die Stadt reinzufahren. Der Landgang nach *Semiphore* war auch gut, ich konnte dort alles erledigen.

Beim wiederum ausgezeichneten Abendessen rede ich munter drauf los, höre aber auch zu, was *Chief Engineer* und Kapitän an Land unternommen haben; auch sie haben ihre freie Zeit für Landgänge genutzt, aber nur bis zum Strand neben dem Gate. Spät abends auf der Brücke verfolge ich die nächtliche Slalomfahrt aus dem Hafen.

Adelaide – Singapur

Der Törn bis Singapur dauert 9 Tage, eine Fahrt durch interessante Abschnitte. Während der Steward meine Kammer reinigt, entdecke ich auf dem Schiffscomputer einen interessanten Artikel: Die Container-Frachtraten haben ein 20-monatiges Hoch erreicht. Endlich gibt es mal konkrete Zahlen:

Rotterdam- New York: 1785 US$ pro TEU

Shanghai – Rotterdam: 2210 US$ pro TEU

Draußen sind es nur 18°C, also raus zum Walken. Das Schiff rollt stark, es ist nicht einfach, Rhythmus und Gleichgewicht zu halten. Manche Schritte gehen quasi bergauf, dann tritt man fast ins Leere, weil sich das Schiff zur anderen Seite senkt, das geschieht immer sehr ungleichmäßig. Ich gehe flotte 9,5 km und bin nicht erschöpft, Hauptsache aber, dass mein Zeh nicht schmerzt, ebenso nicht nach dem Duschen.

Dann kommt das große Neujahrs-Lunch, das heute nachgeholt wird; der Kapitän hatte es schon angekündigt. Erst mit Aperitif in der Bar vorweg, dann Vorspeise, Hauptgang (Hirschragout), zwei verschiedene Desserts, danach dann Sekt und weitere Süßigkeiten. Soviel kann ich gar nicht joggen, um das wieder abzuarbeiten. Aber es ist schon etwas Besonderes, hier mit dem französischen Teil der Crew zusammenzusitzen, auch wenn ich kein Französisch verstehe. Nach diesem Gelage mit viel Essen und Trinken (Wein und Sekt) halte ich eine späte Siesta. Der Rest des Tages verläuft wieder „normal" mit Brückenbesuch, E-Mails schreiben und abends einem Film auf dem großen Fernseher.

Es ist kalt in meiner Kammer, ich drossele die Ventilation, aber das bringt auch nichts, draußen ist es grau und regnerisch. Typisches Montagmorgen-Wetter, wir könnten auch im Ärmelkanal sein, stelle ich mir vor. Doch da ist es jetzt bestimmt kälter als 16°C. Wir fahren nun den zweiten Tag schon genau nach Westen, immer auf Höhe 35°30'S. Erst in zwei Tagen werden wir Westaustralien erreichen und nach Norden abbiegen.

Beim Frühstück höre ich, dass es keine Milch mehr gibt, und bis Singapur sind es noch sieben Tage. So etwas kann passieren, sollte aber nicht (erst Eier, jetzt Milch). Ich erinnere mich: auf der Marco Polo war dem Koch mal die Butter ausgegangen, auf der Puccini gab es die letzten 10 Tage kein Müsli mehr, aber die Milch ist schlimmer, weil es ein Grundnahrungsmittel ist. Der Kapitän stellt gleich die letzten zwei Packungen sicher und gibt mir die angebrochene für meinen Kühlschrank. Wie lange wird sie reichen? Ich werde auf das Müsli zum Frühstück verzichten.

Am Nachmittag wird es noch richtig schön. Ich spaziere einmal ums Deck. Einige Taue sind repariert worden; das ist ein ähnliches Bild wie auf der Puccini. Vor dem Abendessen wird die *Slopchest*, d.h. der zollfreie Store, geöffnet. Auf diesem Schiff läuft das anders: Alle stellen sich der Reihe nach an, bringen ihren Zettel mit den Bestellungen mit und tragen das Erstandene dann selbst auf ihre Kammer. Es herrscht jedenfalls eine lockere, heitere Atmosphäre dabei. Direkt nebenan, ein Deck unter der Kombüse, liegen die Kühlkammern, die mir der Kapitän aufschließt und kurz zeigt. Es sind getrennte Kammern für Fisch (-18°C), Fleisch (-19°C) und Gemüse (+5°C).

10. Januar 0800, wir verlassen die „lange Gerade" und fahren in einem engen Bogen, dicht an der Küste entlang, weiter mit nordwestlichem Kurs der *Sundastraße* (zwischen Sumatra und Java) entgegen. Die Nacht über rollt das Schiff heftig, auch jetzt ist der Seegang beträchtlich. Tag für Tag nehmen jetzt Lufttemperatur und -feuchtigkeit zu. Ich spule mein übliches Tagesprogramm ab mit Walken, Lesen, Brückenbesuchen und interessanten Gesprächen mit der Crew. Dort bekomme ich nachmittags immer einen besonders guten Kaffee vom Automaten, denn wir sind ja wieder mit Kaffeekapseln versorgt. Nach dem Abendessen sitzen wir oft länger beim Kräutertee, scheinbar das abendliche Lieblingsgetränk des Kapitäns, beisammen und klönen.

Aberglaube

Es ist Freitag, der 13., also ein Tag an dem man besser im Bett bleiben sollte – jedenfalls wenn man abergläubisch ist. Kapitän, Chief Engineer und ich sitzen an der Bar, da kommt dieses Thema auf. Jeder steuert etwas aus seinem „Erfahrungsschatz" bei. Die interessanteste Geschichte kommt vom Kapitän.

Er erzählt von seiner Mutter. Sie war Lehrerin für Französisch, eine belesene und gebildete Frau, doch sehr abergläubisch, offensichtlich kein Widerspruch. Von ihr hat der Kapitän gelernt, was man z.B. tun muss, wenn ein Spiegel zerbrochen ist. Ich setze voraus, dass die geneigte Leserschaft weiß, dass so etwas unausweichlich Unglück bringt! Wenn man also vor den Scherben eines zerbrochenen Spiegels steht, muss man voller Verachtung auf die Scherben spucken. Leider habe ich nicht erfahren, ob einen trotzdem das Pech ereilt, wenn man daneben spuckt oder nicht alle Scherben trifft. Aber man muss noch etwas Anderes tun, nämlich die (bespuckten) Scherben zusammenfegen und in einem möglichst tiefen Wasser versenken. Dann bleibt man auf alle Fälle verschont. Diese Gegenmaßnahmen waren mir neu.

Die Geschichte, so erzählt der Kapitän, geht jedoch noch weiter. Vor einigen Jahren verabschiedete sich der Kapitän von seiner Mutter bevor er wieder auf große Fahrt ging. Sie übergab ihm ein kleines, verschnürtes Päckchen mit strikten Anweisungen, was er damit anstellen solle. Es war also kein Geschenk für seinen nächsten Geburtstag oder ein gut verpackter Kuchen für die Mannschaft. Es waren, sie ahnen es sicherlich schon, die Scherben eines zerbrochenen Spiegels. Der Kapitän sollte sie an einer besonders tiefen Stelle mitten im Atlantik ins Meer werfen. Entrüstet hat er seine Mutter zurechtgewiesen und das Päckchen natürlich nicht mitgenommen. Er konnte aber nicht sagen, was darauf mit dem Päckchen geschehen ist. Ich vermute, seine Mutter hat es in ihrer Heimatstadt von der Brücke des Flusses geworfen – vielleicht sogar bei Vollmond um Mitternacht; denn seine Mutter, so weiß ich vom Kapitän, lebt noch heute ohne größere Schicksalsschläge bei bester Gesundheit.

Wir schneiden auch ein reales Thema an, Piraterie. Für die Sundastraße, sagt der Kapitän, wird die Sicherheit auf *Marsec Level 2* erhöht. Er erzählt von einem Kapitän, mit dem er als junger Offizier gefahren ist: *In der Sundastraße waren bewaffnete Piraten zunächst unbemerkt an Bord gelangt und haben vom Kapitän gefordert, den Safe zu öffnen. Sie haben alles Geld eingesteckt und den Kapitän mitgenommen. Die Offiziere auf der Brücke haben sie gewarnt, die Küstenwache zu alarmieren. Sie haben jedoch den Kapitän auf der Mooring Platform angefesselt zurückgelassen.*

Als ich das höre, bin ich froh, dass wir bei Tage durch die Sundastraße fahren. Da erwidert der Kapitän, dass Piraten meist bei Tageslicht an Bord kommen, weil es nachts zu risikoreich ist. Bei der Tagesdurchfahrt ist es dann nebelig mit schlechter Sicht – aber es passiert glücklicherweise nichts.

Heute um 1000 mache ich mit dem *Chief* eine Tour durch den Maschinenraum, es sieht genauso aus wie auf der Puccini. Ich sehe mir den hinteren Teil der Antriebswelle an, kurz vor dem Propeller und auch die Zitadelle mit der Ruderanlage (*Foto*), die wir über den seitlichen *Passageway* erreichen. Nach einer halben Stunde sind wir durch.

Heute sollte ich doch mal wieder Joggen gehen, denn in den nächsten Tagen dürfte das nicht so leicht sein wegen heißem Wetter, höherer Sicherheitsstufe und Revierfahrten bzw. Hafenaufenthalt in Singapur und Port Kelang. Das heißt aber auch, dass wir dann ab Montag in mir schon bekannten Gewässern fahren. Es wird ein anstrengender Lauf, besonders weil es so schwül ist. Ab 1800 sitze ich dann noch mit einigen Franzosen zum Plausch auf dem E-Deck draußen. Nach dem Abendessen bei „herbal tea" schauen Kapitän und ich einen Bergsteigerfilm mit wunderschönen Bildern an. Bergwandern ist das Hobby des Kapitäns.

In der Nacht höre ich es heftig regnen, am Morgen ist alles grau in grau, es regnet weiterhin. Schade, bei dieser schlechten Sicht wird wohl die Passage der *Sundastraße* nicht zu einem Highlight. Zwischendurch wird manchmal sogar das Nebelhorn eingesetzt. Ich bin froh, dass ich gestern gejoggt bin.

Nachmittags wird das Wetter besser, wir sind längst am *Krakatau* auf der Insel *Pula Rakata* vorbei. Mir wird erst jetzt bewusst, dass wir über ein hoch aktives Vulkanfeld fahren. Der *Krakatau* war

64

1883 ausgebrochen mit einem der stärksten, folgenschwersten Vulkanausbrüche in der jüngeren Menschheitsgeschichte. Leider können wir nichts sehen, als wir um 1230 an ihm in 10 km Entfernung vorbeifahren; die Sicht ist unter 3 Seemeilen.

Etwas weiter an der engen Stelle zwischen Sumatra und Java kreuzen viele Fährschiffe unsere Route, die Sicht wird langsam besser, aber der interessante Teil liegt hinter uns. Von Sumatra sieht man einen hohen Berg im Hintergrund, sonst nur eine verschwommene Küstenlinie. Jetzt kommen uns mehr Tanker entgegen aber auch Schlepper, die Tankschaluppen ziehen; man sieht die Ölfelder, bzw. ihre Förderplattformen und viele kleine Inseln. In der Nacht passieren wir eine weitere enge Stelle, wegen Piratengefahr mit höherer Geschwindigkeit. Die ganze See östlich von Sumatra ist sehr flach, viele auf der Seekarte blau eingezeichnete Bereiche mit weniger als 20 m, die meisten Stellen sind nur 30 m bis 50 m tief.

Inzwischen ist Wasser in den Swimming-Pool ein gelassen worden; heute weihe ich ihn ein. Er ist nicht ganz sauber, deswegen wird drum herum mächtig geschrubbt und noch einmal frisches Seewasser eingelassen. Nach dem Schwimmen dusche ich auch draußen und lasse mich von Wind und Sonne trocknen, so ist das sehr angenehm.

Das Sonntags-Lunch ist auf diesem Schiff immer ein besonderes Ereignis. Alle Franzosen treffen sich zum Aperitif in der Bar. Da bin ich natürlich dabei. Dieses Lunch ist noch leckerer als das am letzten Sonntag: Lachs als Vorspeise, ein wunderschön zartes Steak, dann Käse und ein Traditionskuchen. Zu trinken wird wie immer Wein und Sekt gereicht. Diese vergnügliche Runde geht wieder bis 1430. Zum Kaffee ziehe ich mich zurück und ruhe etwas. Nachmittags übernimmt der Kapitän eine Wache und ich leiste ihm Gesellschaft auf der Brücke.

Singapur

Dreimal bin ich schon an Singapur vorbeigefahren und habe mich an dem fantastischen Panorama erfreut. Aber es war mir bisher noch nie vergönnt, diese Finanzmetropole zu besuchen. Auf dieser Tour soll es nun endlich soweit sein. Aus diesen Zeilen können sie schon entnehmen, dass meine Erwartungen an den Landgang sehr hoch sind.

Um 600 machen wir in *Pasir Panjang*, dem Containerhafen von Singapur fest. Das ist für mich ein günstiger Zeitpunkt, weil ich so den ganzen Tag vor mir habe. Erst muss ich noch die Beamten der Einwanderungsbehörde abwarten, sie kommen auch gleich nach Ankunft an Bord. Alles läuft problemlos ab, ich habe „grünes Licht" für meinen Landgang. Um 2000 ist *shoreleave*, dann muss ich spätestens zurück sein. Ich will jedoch noch den Hafenagenten abwarten; seine Informationen sind immer hilfreich für das Prozedere, welches Gate in diesem riesigen Hafen für uns gilt, wie man dort hinkommt und wieder zurück!

Insgeheim spekuliere ich darauf, dass mich der Agent ein Stück in Richtung Stadtzentrum fährt. Ich habe Glück, er fährt mich bis zur nahegelegenen MRT-Station (U-Bahn) *Haw Par Villa* und erklärt auf dieser Fahrt von 30 Minuten – wir sind immer noch im Hafengelände, bzw. -umgebung – auf welche Details ich achten muss, um sicher zurückzukommen. So sollte ich auf dem Rückweg unbedingt 45 Minuten Fahrzeit mit dem Hafenshuttle einkalkulieren, nach Passieren des Gates!

An der MRT-Station ziehe ich zunächst Singapur Dollars, um alles bar zahlen zu können, das erste Problem ist gelöst. Wie komme ich ins Zentrum? Am Informationsschalter ist nichts los, die Frau gibt mir einen MRT-Plan und zeigt mir wie ich zur *Bayfront* komme. Obwohl ich zweimal umsteigen muss, finde ich den Weg problemlos, weil alles klar und übersichtlich ausgeschildert ist. Ich bin froh, dass ich diesen Weg gewählt habe und mir nicht ein teures Taxi genommen habe. So gewinne ich die ersten angenehmen Eindrücke von Singapur: sauber, übersichtlich, modern.

Das *Marina Bay Sands* ist mein erstes Ziel. Das attraktive Hotel habe ich schon aus der Ferne bewundert. Jetzt stehe ich unmittelbar davor, verrenke mir fast den Hals als ich nach oben schaue. Das „Schiff" scheint über dem Hotel zu schweben. Ich schieße heute zig Fotos aus verschiedenen Blickwinkeln und  Entfernungen von diesem Motiv. Dann ziehe ich mich ins Innere der *Shoppes*, so werden die Arkaden hier genannt, zurück zum Cool-down. Es ist noch nicht einmal 10 Uhr und schon richtig heiß. Die Geschäfte hier sind die gleichen wie fast überall in der Welt, nur das gesamte Arrangement wirkt viel vornehmer. Nach zwei Wochen auf See sehe ich mir das mal gern an, jetzt sind nur wenig Leute unterwegs, da wirkt die Eleganz dieser Shopping Mall viel stärker. Ich genieße die vornehme Umgebung, die Kühle und einen Früchte-Mix.

Ich schlendere die Promenade entlang, bestaune das Panorama der Hochhäuser auf der anderen Seite des Flusses, den ich über die interessante Brückenkonstruktion „The Helix" überquere mit Ziel Singapur Flyer, dem Riesenrad. Von hier oben habe ich einen fantastischen Blick (*Foto*) über die Singapur Straße mit den vielen passierenden und vor Anker liegenden Schiffen, die Hafenanlagen, die Parks, die Wolkenkratzer und entfernteren Stadtteile. Direkt unter mir verläuft die Formel 1 Rennstrecke mit ihren scharfen Kurven, kurzen Geraden und Tribünenaufbauten.

Mit einem kleinen Schlenker am Flussufer entlang spaziere ich zum *Gardens by the Bay* (*Foto*). Hier ist die mittägliche Hitze gut zu ertragen, weil es viele schattige Plätzchen gibt. Besonders interessant finde ich den *Colonial Garden*, ein Rondell, in dem die wirtschaftliche und politische Geschichte der wichtigsten Gewürze dargestellt wird. Ich löse ein Ticket für den Skyway beim *Supertree* und stelle fest, dass der Baumwipfelpfad in

meiner Heimatstadt Bad Harzburg doch attraktiver ist. Aber der Vergleich hinkt, denn eine Metropole und ein beschaulicher Kurort am Harzrand sind zwei verschiedene Paar Schuhe.

Ich nähere mich wieder dem Hotel, esse indisch zu Mittag, was mir nicht so gut schmeckt; ich hätte doch sorgfältiger auswählen

sollen! Kaffee und Kuchen in „The Toast Box" ist dann um so besser. Mein nächstes Ziel: Clarke Quay. Ich hole mir ein U-Bahn-Ticket am Automaten, routiniert, als ob ich das schon tausendmal gemacht hätte, steige um, wie ein Einheimischer und trete am Ziel aus der angenehm gekühlten U-Bahnstation in die schwüle Nachmittagshitze. Diese Empfehlung des *Chief Mate* war nicht so gut, weil hier jetzt noch nichts los ist. Ein paar Restaurants haben zwar zum *Early Bird* geöffnet, aber die Attraktivität dieser Gegend entfaltet sich wohl erst mit der Dunkelheit, wenn viele Nachtschwärmer am Ufer entlang-flanieren und sich ihr gewünschtes Lokal aussuchen. Ich verwerfe die Idee, eine Flussrundfahrt zu unternehmen. Stattdessen genehmige ich mir ein echtes bayrisches Bier und frage mich, ob ich deswegen nach Singapur gekommen bin. Es schmeckt, erfrischt und ich habe absolut kein schlechtes Gewissen.

Von hier ist es nicht weit bis Chinatown, etwa 20 Minuten zu Fuß. Da will ich chinesischen Tee kaufen. Nach drei unergiebigen Auskünften, wo ich Tee bekommen könne, lande ich im Kaufhaus für chinesische Produkte *Yue Hwa*. Hier decke ich mich reichlich mit Tee ein. Originelle, schwarz-weiß karierte Becher erstehe ich als ein Andenken für einen Spottpreis dazu. Auffällig hier ist die ins Auge fallende Gesundheitsabteilung: Riesige Regale mit fernöstlichen Heilkräutern, direkt daneben ein Miniregal mit heimischen Dr. Scholl-Produkten, dann wieder eine Massage-und Akkupunktur-Praxis – für mich ein kurioses Bild.

Nach diesem erfolgreichen Einkauf geht es im Zick-Zack durch die engen Straßen und Gassen von Chinatown: Restaurants und Fleischereien, Geschäfte für Souvenirs, Schmuck und Modeartikel sowie Schneidereien sind hier am häufigsten vertreten. An vielen Ständen wird man angesprochen, aber es ist nicht so aufdringlich wie ich das z.B. von Shenzhen, China oder der Petaling Street in Kuala Lumpur in Erinnerung habe. An den größeren Straßen fallen mir einige sehr schöne Fassaden auf (*Fotos S. 68*). Die hätte ich hier in Chinatown nicht erwartet.

Jetzt werde ich müde, ich bin ja schon seit 9 Uhr früh unterwegs, auch wenn ich immer wieder Pausen eingelegt habe. Ich weiß zwar, wie ich zurück zum Schiff komme, aber wie lange das dauert, kann ich nur schwer einschätzen. Ich mache mich auf den Weg zur U-Bahnstation und bin schneller als gedacht wieder an *Haw Par Villa*. Nur eine kurze Orientierung, damit ich den richtigen der vielen Ausgänge finde. Ich erkenne alles wieder und nach etwa 15 Minuten zu Fuß stehe ich am richtigen Gate und „ersuche um Einlass", den man mir zunächst nicht gewähren will. Zu selten gehen hier wohl Passagiere durch. Aber nach einem Telefonat des Offiziers, kurzer Beratung mit seiner Kollegin und Beteuerung meinerseits, dass ich am Morgen genau durch dieses Tor gegangen bin, lässt man mich dann doch passieren.

Jetzt muss ich nur noch den richtigen Shuttlebus finden. Ich habe Hafenbecken und Liegestelle auf einen Zettel geschrieben, zeige ihn den Fahrern und bin beim dritten Bus an der richtigen Stelle. Allerdings muss ich bis zur Abfahrt noch warten. Ich gehe in die Kantine und könnte hier für billiges Geld gut und reichlich essen, aber ich werde wohl zeitig genug zum Abendessen zurück auf dem Schiff sein.

Es stimmt: Es sind tatsächlich 45 Minuten vom Gate zu unserem Schiff; ich steige die wackelige Gangway hinauf und bin nach zehn Stunden Landgang glücklich und zufrieden wieder auf meiner Kammer. Das war ein Supertag! Ich habe alles gefunden, alles hat mir gefallen! Was könnte ich einem Erstbesucher von Singapur für eine Tagestour noch empfehlen?

Eine *River Cruise* wäre nicht schlecht. Für 25S$ hat man 40 Minuten lang vom Fluss aus eine grandiose Sicht auf die interessantesten Orte und Gebäude.

Statt Singapore Flyer (Riesenrad) könnte man vielleicht auf das Sky Park Observation Deck gehen, das über das Marina Sands Hotel im Tower 3 zu erreichen ist.

Bei einem längeren Besuch würde ich mir dann auch die Insel Sentosa vornehmen. Die habe ich vorab schon ausgeklammert, weil man dafür doch mehr Zeit braucht.

Eine charmante, junge Mitarbeiterin von CMA ist an Bord gekommen, sie will die Seeleute kennenlernen, für die sie hier in Singapur zuständig ist. Es wird ein sehr gesprächiges, unterhaltsames Abendessen. Sehr freundlich, dass der Kapitän mich hierbei mit einbezieht.

Singapur – Port Kelang - Chennai

Es ist nur ein kurzes Stück bis Port Kelang, am nächsten frühen Nachmittag liegen wir fest. Der Agent fährt mich zur Immigration. Hier wird auch Chantal, die neue, „alte" Passagierin aus der Schweiz abgeholt und an Bord gebracht. Sie ist bereits auf der CC Mozart von Europa bis Australien mitgefahren und fährt nach ihrem Aufenthalt in Australien jetzt wieder zurück. Ich steige unterwegs an der Kantine für die Hafenarbeiter aus, kann aber das Internet dort nicht wie geplant nutzen.

Nur vier Tage brauchen wir bis Chennai/Madras. Die Chancen für einen Landgang sind von 0% auf 10% gestiegen, vielleicht kann ich meinen Geburtstag dort an Land feiern, hoffe ich. Der Kapitän will alles versuchen, da das Landgangsverbot nur für Passagiere, nicht für die Crew gilt. Ich bin gespannt.

Trotz Zeitumstellung komme ich schwer in Gang. Ich will den Lunch abbestellen, aber der Koch überredet mich, es gibt Steak, also esse ich doch. Dann will ich an Deck zum Walken, aber es ist Sicherheitsstufe 2 und die Gitter sind abgeschlossen, also lasse ich es zunächst sein und setze mich in den Schatten draußen an Deck. Da das Mittagessen bombastisch ist, Avocado Creme mit Thunfisch, Steak, Käse und Nachtisch, gehe ich anschließend doch zum Walken. Mit meinem Kabinenschlüssel kann ich die Gitter öffnen und verschließe sie wieder als ich fertig bin; fertig bin ich wirklich bei 28°C und 92% Luftfeuchtigkeit.

Einen Tag vor Ankunft hat sich die letzte Hoffnung auf Landgang zerschlagen, es gibt für uns Passagiere keine „shorepasses", obwohl der Kapitän uns als „supernumerary" geführt hat. Ich gehe joggen, um den Frust abzubauen. Bei geringerer Hitze, 26°C, aber höherer Luftfeuchtigkeit, 96%, will das nicht recht gelingen; erst beim Cool-down im Pool kommt die Entspannung.

Enttäuschung pur nach Singapur

Die Anfahrt auf Chennai, besser bekannt unter dem Namen *Chicken Madras,* verläuft etwas merkwürdig. Wir sind schon dicht am Hafen, haben mehrfach „gekreuzt", sind auch nicht zu früh, doch kein Lotse ist in Sicht. Da hören wir per Funk, „pilot on the way" – in der Tat, ein Schlepper nähert sich uns. Was soll ein Schlepper hier? Das ist für einen Schleppereinsatz zu weit draußen und für ein Lotsenversetzboot reichlich spät, wir haben die ersten Markierungsbojen für den Einfahrtkanal schon passiert. Der Lotse klettert von diesem unpassenden Zubringer die Lotsenleiter hoch und ist schließlich an Bord. Ich sehe gerade noch, wie sich der Schlepper nach hinten absetzt und dabei die kleine Plattform am Lotseneinstieg demoliert. Für zwei Seeleute bedeutet das nun Extraarbeit, denn zur Ausfahrt muss es wieder passen. Es kommt noch mehr Merkwürdiges, alles nur Kleinigkeiten, aber sie fügen sich mit der Zeit zu einem (negativen) Bild.

Wir nähern uns langsam dem Hafen, die Stadt liegt im Dunstschleier. Was man vom Schiff aus sehen kann, ist wenig attraktiv, nur graue Fabriken und Wohnhäuser, ein Unterschied ist da nicht auszumachen. Auffällig ist, dass acht Patrouillenboote der Küstenwache, zum Teil mit Geschützen, die Hafeneinfahrt bewachen, alle schön hintereinander in Reih und Glied. Es nähert sich kein weiteres Schiff, im Hafen liegen nur drei kleinere Frachter, also warum?

Als wir festliegen, erhöht sich die Temperatur schlagartig, der Fahrtwind fällt weg, wir sind dichter an Land. Die Kühlung im Schiff funktioniert aber einwandfrei. Jetzt bin ich gespannt, ob vielleicht nicht doch noch eine kleine Chance auf Landgang besteht. Um es kurz zu machen, weder Crew noch Passagiere dürfen an Land. Die windige „Erklärung" des Agenten: In Madras sei ein traditionelles Stierfest von der Obrigkeit abgesagt worden, es befänden sich sehr viele unzufriedene Menschen in den Straßen, das sei zu unsicher. Aber die Erklärung des Kapitäns dürfte wohl eher zutreffen: "Keine *shorepasses* bedeutet weniger Arbeit für den Agenten." Und ausgerechnet hier sollen wir länger als einen Tag liegen!

Alle tragen es mit Fassung. Die Plauderstunde um 1800 draußen auf dem E-Deck, jetzt hat der Wind gedreht und weht frisch von der Seeseite, hat heute besonderen Zulauf. Wir sind neun Leute, sitzen gemütlich zusammen, trinken Bier und erzählen uns Geschichten. Im Hintergrund wird gerade ein Container der Linie APL – American President Line – geladen, da fällt mir ein …

Ich wende mich an den Kapitän, ob er wisse, dass APL jetzt einen neuen Namen bekomme. Er verneint, vermutet aber, dass es vielleicht mit dem kürzlich besiegelten Zusammengehen mit CMA CGM zu tun habe. Ich erkläre, dass der Hintergrund ein anderer sei, dass APL sich ziemlich deutlich im amerikanischen

Wahlkampf positioniert habe, natürlich gegen Trump, der ja die USA wirtschaftlich abschotten, Handelsbarrieren aufbauen und Strafzölle einführen wolle. Als nun Trump gegen alle Prognosen doch gewonnen hat, sei das der entscheidende Ruck für APL gewesen, dem Zusammenschluss mit CMA CGM zuzustimmen. Um nun ihre weltoffene Haltung nachdrücklich zu verdeutlichen, werden sie sich künftig AOPL – American Old President Line – nennen. Verwundert schüttelt der Kapitän den Kopf, davon habe er in der Tat noch nicht gehört, ob das auch wirklich stimme. Ich nicke, meine Aussage bekräftigend, ergänze aber, dass natürlich jeder Regierungschef eine Schonfrist von 100 Tagen bekomme; das sei ja international so üblich. Deshalb werde APL bzw. AOPL die Frist einhalten und erst um den 1. April herum mit dieser Meldung an die Öffentlichkeit gehen.

Das war dann schon der Höhepunkt des Tages mit keiner Aussicht auf Besserung für den Sonntag. Ich bin mir sicher, morgen wird es mein langweiligster Geburtstag. So kommt es dann auch. Alle Seeleute haben zu tun oder schlafen, weil die Schichten im Hafen ihren gewohnten Arbeitsrhythmus immer durcheinanderbringen. Enttäuscht schnappe ich mir Helm und Sicherheitsweste und spaziere den Kai rauf und runter; jetzt kann ich sagen, ich habe wenigstens einmal indischen Boden betreten.

Das sonst so ausgedehnte Sonntagsessen wird auf Montag verschoben. Na gut, dann spendiere ich eben den Champagner morgen und stoße mit einem Tag Verspätung mit allen an. Dann sind wir auf See und es ist mehr Zeit. Aber jetzt im Hafen ist es wirklich sehr langweilig. Ich darf gar nicht an meine Erwartungen bei Buchung der Reise denken, da hatte ich mir einen schönen Landgang bei meinem ersten Indien-Besuch ausgemalt – welch eine Enttäuschung! Ich erkläre hiermit für mich offiziell Chennai zum: „Most Disappointing Port" – das gilt für diese Reise, aber, wenn ich länger überlege für alle Reisen, genauso wie bisher Paita in Peru als schönster, idyllischster Hafen für mich gilt.

Die Abfahrt verzögert sich, wie sollte es auch anders sein. Der Lotse wird spät mit dem Schlepper gebracht. Über die Gangway wäre das viel einfacher. Dann müssen wir warten, weil ein Halteseil des Nachbarschiffes unser Tau blockiert, so kommt eins zum andern. Schließlich geht es dann um 2050 los. Noch im Hafenbecken verabschiedet sich der Lotse schon wieder. Ich kann angesichts des engen und gewundenen Kanals nur den Kopf schütteln.

Für den übernächsten Hafen, das südindische Cochin, gilt ebenso: kein Landgang. Bloß da hätte es auch von der Zeit nicht gepasst; um 1900 liegen wir dort fest und um 0600 in der Frühe geht es schon weiter. Allerdings machen die Stadt und der Hafen einen besseren Eindruck als das schmuddelige Chennai: Fischerhütten und Sandstrände, hübsche Wohnhäuser von Palmen umgeben, ein Kreuzfahrtschiff liegt sogar am Kai. Das wollte ich nur zur Ehrenrettung Indiens erwähnen.

Colombo

Colombo gehört zu den Orten, die ich auf dieser Reise unbedingt sehen will. Daher sind die Erwartungen einerseits hoch, andererseits aber qualitativ nicht ausgefüllt. Ich habe keine Vorstellungen, was ich mir unbedingt ansehen muss.

Um 0530 bin ich wach und gehe gleich auf die Brücke. Der Lotse ist gerade an Bord gekommen. Die Dämmerung hat noch nicht eingesetzt, die Lichter von Colombo kommen langsam näher. Es ist keine lange Revierfahrt, um 0630 liegen wir fest. Die Vertreter der Behörde sind auch früh da, sie teilen mir mit, dass ich zur *Immigration* muss, um mir dort meinen Stempel abzuholen. Der

Agent will uns, Chantal und mich, um 0900 hinfahren. Das passt gut. Beim Frühstück verabreden wir uns mit dem Chief Engineer und dem Kapitän zum Lunch im Grand Oriental Hotel.

Im Immigration-Office ist es verdammt schwül, mir fließt nur so das Wasser den Rücken runter und das schon morgens vor halb zehn. Es dauert hier alles seine Zeit, aber dann haben wir unsere Stempel und *Shorepasses,* der Agent fährt uns noch bis zum Gate und wir können losziehen. Dort entsteht eine kleine Diskussion mit den Wachen, in welche Richtung wir gehen dürfen und in welche nicht. Von weitem winkt uns schon ein Tuck-Tuck-Fahrer, der sich die „Beute", zwei Europäer, nicht entgehen lassen will. Das kürzt die Diskussion mit der Wache ab. Chantal handelt geschickt einen Preis aus und wir brausen los. Ich weiß nicht, wohin ich gehen soll, was ich mir unbedingt anschauen müsste, nicht einmal wieviel die Landeswährung – Sri Lanka Rupie – wert ist. Chantal weiß, wohin sie will, auf einen bestimmten Markt zum Einkaufen.

Vorher müssen wir beide noch Geld umtauschen; der Fahrer fährt uns zu Wechselstuben, die ich sonst nie betreten hätte. Nebenbei werden hier noch Schmucksteine verkauft, oder ist das Geldwechseln Nebentätigkeit und der Schmuck die Hauptsache? Chantal handelt den Wechselkurs von 150 auf 155 Rupien pro Euro hoch, danach sind die Bargeldreserven hier erschöpft, wir fahren zu einer anderen Wechselstelle, wieder ein Juweliergeschäft auf den ersten Blick. Aber ich will keinen Schmuck, sondern nur meine Singapur Dollar, die ich nicht verbraucht hatte, umtauschen. Der angebotene Kurs ist sogar günstiger als bei der ersten Stelle und ich habe nun ein paar Tausend Rupien, von denen ich nicht so genau weiß, was sie wert sind. Mir wird noch viel angeboten, bei Tee zeige ich mich interessiert und kaufe zwei Packungen, günstig oder zu teuer? Ich weiß es nicht. Qualität gut oder durchschnittlich? Ich nehme an gut, aber sicher bin ich mir nicht, das wird sich erst in einigen Wochen zu Hause zeigen. *(Einige Tage später auf dem Schiff probiere ich den erstandenen Tee. Ich muss sagen, der ist hervorragend und nicht zu vergleichen mit den üblichen Beuteltees, die bei uns zu haben sind. Ein guter Einkauf also. Zu Hause stelle ich fest, dass auch der lose Tee von hervorragender Qualität ist.)*

Ich bin mir jetzt im Klaren, dass eine Stadtrundfahrt im Tuck-Tuck das Beste wäre. Ich handele mit dem Fahrer einen neuen Preis aus: für drei Stunden 30 € und schon brausen wir los. Auf der Fahrt redet er viel über die Sehenswürdigkeiten auf unserer Tour, über weitere Möglichkeiten (Einkauf oder Massage) mit einem höheren Preis, über seine Qualitäten und Erfahrungen mit 32 Jahren Tuck-Tuck-Fahren. Er fragt viel über *Germany, good country,* ob ich ein Auto hätte und nennt daraufhin sein Tuck-Tuck *my BMW.* Doch er beklagt sich, dass es nicht sein Tuck-Tuck sei, es gehöre der Bank, denn er könne es sich bei den hohen Steuern nicht leisten.

Natürlich merke ich sofort, dass er ein routinierter Fahrer ist, mit welcher Geschicklichkeit er sich durch die engsten Lücken zwängt, nur um zwei PKW zu passieren und etwas schneller bei der nächsten Abzweigung zu sein. Auch auf gerader Strecke entwickelt sein Gefährt eine erstaunliche Geschwindigkeit, doch ich fühle mich nie unsicher oder gar in Gefahr, sondern bestaune einfach nur seine Geschicklichkeit, selbst bei relativ hohen Geschwindigkeiten, Slalom zu fahren, plötzlich auszuscheren, eine Kurve zu schneiden.

Dies ist einfach ein tolles Erlebnis für sich, gleichgültig welche Sehenswürdigkeiten rechts und links des Weges liegen, worauf er natürlich immer wortreich hinweist, ob im Stau oder bei voller Fahrt, ob vor einem Kreisverkehr oder einer Abbiegespur oder gar bei einer 180°-Kehre bei starkem Gegenverkehr, dieser Mann beherrscht sein Metier perfekt. Ich habe mich richtig entschieden, in einem Taxi wäre das Ganze nur ein banaler Transfer, in einem Hop-on-hop-off-Bus nur ein touristisches Allerweltsangebot gewesen, so ist es ein einzigartiges Abenteuer der sicheren Art. Nur einmal müssen wir heftig bremsen, weil drei Wagen vor uns jemand spontan beschlossen hat, auszusteigen. Angenehm luftig ist es noch dazu, ich schwitze nicht mehr.

Ich bin sicher, dass diese Fahrt mir länger im Gedächtnis bleiben wird als die vielen Tempel, bei denen wir halten, die ich besichtige, wo ich viele Fotos schieße. Natürlich liegt das an den langen Namen dieser heiligen Stätten, meiner Unkenntnis dieser fremden Kultur und letztendlich meiner Abneigung gegenüber übersteigerter religiöser Verehrung welcher Konfession auch immer. Die meisten Tempel sind buddhistisch, eine friedliche, sich nicht aufdrängende Religion, hier jedenfalls. Ein Hindutempel mit farbenprächtigen Verzierungen, aber verstaubt und heruntergekommen, steht in einen Hinterhof gezwängt, bedrängt, scheinbar ohne Beachtung.

Die wenigen Moscheen wiederum drängen sich in Ladenzeilen und Geschäftsviertel hinein, wo man sie nicht vermutet, so mein subjektiver Eindruck. Wir sehen Museum und Town Hall, der Fahrer nennt es *our White House, (Foto nächste Seite)* majestätisch in repräsentativen Parks stehend. Das hebt ihre Bedeutung hervor. Auf die vielen ursprünglich aus Indien stammenden *Bunyantrees* weist mich der Fahrer hin, sie sind erstaunlicherweise alle „*300 years old*". (*Foto*)

Nach dem fünften Tempel - oder war es schon der sechste? – habe ich genug gesehen, wir steuern das Grand Oriental Hotel an. Von außen heruntergekommen, sieht man ihm sein Alter an. Aber es trägt einen großen Namen und hat bestimmt eine interessante

Geschichte. Von innen wird das bestätigt: alt, abgenutzt aber gediegen.

Im Restaurant im vierten Stock haben wir uns zum Lunch verabredet: Chantal und der Chief Engineer sind schon da, der Kapitän trifft wenig später ein. Wir speisen fürstlich, unterhalten uns angeregt und genießen die prächtige Aussicht auf unser Schiff und den Hafen. (*Foto*) Hier verbringe ich drei kurzweilige Stunden; ein gelungener Kontrast zu der bunten Hektik des Vormittags. Nach und nach brechen alle auf, ich bleibe noch etwas, um hier das Internet zu nutzen. Ich fühle mich satt, zufrieden und spüre keine große Unternehmungslust mehr.

Vom Hotel aus spaziere ich noch ein paar Blocks in verschiedene Richtungen, um auch zu Fuß einen Eindruck dieser geschäftigen Hauptstadt zu bekommen. Dann schlage ich den Rückweg ein, der etwas länger ist, aber nach dem reichlichen Essen gut tut. Hier in der Hafengegend gibt es nichts Sehenswertes zu bestaunen, ich bin froh, dass ich alles wiedererkenne und problemlos den Weg zum *Gate* finde. Um 0900 waren wir am Schiff aufgebrochen, um 1700 bin ich wieder zurück auf meiner Kammer zu einer erfrischenden Dusche. Ich bin müde und abgespannt, aber vor allem spüre ich eine tiefe Zufriedenheit über diesen äußerst gelungenen Tag mit seinen vielschichtigen Erlebnissen. Colombo hat mehr gehalten als ich mir versprochen habe. Ich kann mir gut vorstellen, dass ich hier noch einmal wieder herkomme, dann besser vorbereitet, aber das Grand Oriental Hotel wird garantiert auf meiner Liste stehen.

Anfahrt Suezkanal

Von einer Frachtschiffreise nach Schanghai zwei Jahre zuvor weiß ich, dass diese Passage sehr attraktiv ist. Sowohl an Backbord als auch Steuerbord ziehen wunderschöne Küsten an uns vorbei, man meint, man sieht einen Film im Panoramakino. Genauso wie vor exakt zwei Jahren und drei Tagen. Der Unterschied, heute ist es etwas kühler (Ende Januar, nur 15°C) aber klare Sicht. Ich könnte die Vorlage aus meinem Tagebuch von damals kopieren, es herrscht die gleiche Atmosphäre.

Erwartungsvoll sitze ich auf der Kommandobrücke und erspähe zuerst die Spitze der Halbinsel Sinai, die sich mit Bergen bis über 1700 Meter aus dem Blau des Roten Meeres erhebt. Westlich sehen wir die Ölanlagen von Zayt, auffallend leuchten die weißen Tanks uns entgegen. Dort schließt sich nach Norden hin eine Bergkette (Jabal Az Zayt) mit Höhen über 400 m an; in dem grellen Mittagslicht wirkt sie besonders markant.

Östlich verfolgen uns die Sinai-Berge, mit zunehmender Entfernung langsam im Dunst verschwindend. Der südliche Teil des Sinai zeigt sich gleichbleibend schön; ein leicht ansteigender Küstenstreifen geht nach etwa zehn Kilometern in steiles Gebirge über. Das helle Beige dieses Landstrichs verwandelt sich in ein furchiges Hellbraun der hoch aufragenden Berge. Der Kontrast zur dunkelblauen See zu ihren Füßen hält meinen Blick die ganze Zeit gefangen. Jetzt fotografiere ich mehr mit dem Herzen und nur wenig mit der Kamera. Ölbohrplattformen deuten auf die wirtschaftliche Bedeutung dieser Gegend hin.

Eine der vielen Ölbohrplattformen

Wir steuern mit geradem Kurs von 315° später 330° auf den Suezkanal zu. Den erreichen wir erst in etwa acht Stunden. Dann wird es dunkel sein. Aber noch haben wir die herrlichste Aussicht auf die Küsten, die sich mal näher an uns heran schieben, mal sich fast dem Blick entziehen. Ich staune, wie abwechslungsreich der Sinai ist. Jetzt am Nachmittag wird er direkter von der schräg stehenden Sonne bestrahlt. Das Beige des Küstenstreifens wirkt viel heller, es zieht sich bis an die ersten Bergspitzen hinauf, mit Erosionsrinnen, die sich tief in die nun braunen bis grauen Berghänge gefressen haben.

Dann scheinen wir direkt auf ein Ölfeld zuzusteuern, doch je näher wir kommen, desto mehr ziehen sich die Bohrtürme auseinander. Mit dem Fernglas kann ich auch winzige Fischerboote entdecken, sogar einige kleine Tankschiffe, die direkt an den Plattformen anlegen. Hier trennt ein längliches Ölfeld den nord- und südgehenden Verkehr, wie mir ein Blick auf die Seekarte verdeutlicht. Vor uns sind kaum größere Schiffe auszumachen, hinter uns jedoch reihen sich träge Tanker und kleinere Frachtschiffe, die wir alle bereits heute Nacht und am Morgen überholt haben. Ein großes Containerschiff der Evergreen Line schiebt sich stetig an uns heran. Warum fährt es so schnell? Es kommt jedenfalls nicht früher durch den Suezkanal als wir. Denn an der sogenannten *Qualification Line* bei 29°42,8'N müssen sich alle Schiffe bei der *Port Authority* anmelden, bekommen einen Ankerplatz zugewiesen, um dann irgendwann mit dem nächsten Konvoi durch den Kanal zu fahren.

Jetzt liegt ein Höhenzug direkt am Strand, so sieht es aus, denn das helle Braun erhebt sich vor uns unvermittelt aus dem Meer. Der anschließende Höhenzug dagegen in dunklerem Braun und Grau. Ein breiter Einschnitt zwischen ihnen gewährt uns einen Blick weiter ins Landesinnere. Doch der ist bald begrenzt von weiteren Bergen, deren Höhen man schwer ermessen kann wegen der großen Entfernung. Mit dem Fernglas erkenne ich, dass es ein Talkessel ist, hinter dem sich – mit bloßem Auge nicht zu erkennen – ein weiteres Gebirge aus dem Dunst schält. Eine Weile später zeigt sich der anschließende Höhenzug nicht mehr in braun bis grau, sondern in einem rostigen Rotbraun. Ich stelle mir diese Ansicht im Abendlicht vor, das könnte ein knalliges, tiefes Rot werden. Weiter nördlich kommen immer mehr solcher Einschnitte. Bei dem schrägen Lichteinfall werfen die vorgelagerten Kegel jetzt Schatten auf die nachgelagerten Berghänge, so dass die Täler regelrecht plastisch wirken. In diesem Licht kann man gut die verschiedenen Schichten im Sandstein erkennen.

Mir gehen langsam die Adjektive aus, mit denen ich die Vielfalt dieses Küstenstreifens angemessen beschreiben kann. Allein die vielfältigen Nuancierungen von gelb über beige, hellbraun, braun bis grau zeigen, dass die Natur in ihrer Farbenfülle die Sprache weit überflügelt. Hier habe ich „*fifty shades of beige*" vor mir, auch wenn das, was sich vor mir abspielt, eher ein Natur- als ein Erotikfilm ist.

Es ist schnell erklärt, warum vor uns keine Schiffe zu sehen sind. Uns können keine Schiffe entgegenkommen, weil sie sich noch im Konvoi im Suezkanal befinden. Wenn das erste größere Schiff in Sicht ist, wird die Kette nicht abreißen, bis alle aus dem Konvoi uns passiert haben. Auf dem Monitor kann man die Position dieser Schiffe ablesen. Der wachhabende Offizier erklärt und zeigt mir alles bereitwillig.

Dann wird der Golf von Suez wieder breiter. Man kann auch auf dem Sinai Öltanks erkennen. Durch das schräge Licht „wechselt" die Färbung des Wassers von tiefblau zu einem salzigen Grün. Der Wind hat merklich aufgefrischt und die Wellen mit ihren weißen Schaumkronen werden immer höher. Der Evergreen Liner liegt jetzt auf gleicher Höhe neben uns, vorgeschriebener Abstand: eine Seemeile. Das erste Schiff aus dem süd-gehenden Konvoi ist die CMA CGM Medea. Der erste Offizier unterhält sich angeregt per Funk mit dem wachhabenden Offizier der Medea, ebenso ein Franzose. Man sieht es unserem *Chief Mate* an, wie sehr ihm das Spaß macht. Das sind die kleinen Freuden eines Seemanns, erzählt er mir später, er kennt seinen Kollegen schon von der Seefahrtschule her.

Um 1800 klappe ich meinen Laptop zu. Ich habe genug geschrieben, obwohl wir noch nicht am Ziel des heutigen Tages sind. In knapp zwei Stunden sind wir an der bereits erwähnten *Qualification Line*, die wir passieren müssen, um zum nächsten

Konvoi zu gehören. Die letzten Seemeilen fahren wir sehr langsam, wir sind bei der *Port Authority* angemeldet und steuern unsern zugewiesenen Ankerplatz an. Um 2030 fällt der Anker. Keiner weiß, wann es weitergeht.

Passage Suezkanal

Um 0540 passieren wir gerade Port Suez. Ruckzuck bin ich auf der Brücke. Um 0500 hatten wir den Anker gelichtet, um 0530 sind wir in den Kanal eingefahren genau bei Kilometer 162,250. (Im Suezkanal, wie in allen Kanälen, werden die Entfernungen immer in Kilometern und nicht in Seemeilen angegeben.) Es wird langsam heller. Wir fahren als 6. Schiff im Konvoi. Ganz vorn zwei Autotransporter, die ich nur auf dem Monitor sehe. Direkt vor uns die CMA CGM Vasco da Gama, dann die Meret Maersk und die CSCL Pacific Ocean, mit der wir im Golf von Aden ein Stück parallel gefahren sind. Hinter uns die Ever Leader, die uns vor dem Kanal noch überholt hatte und ein MSC Schiff, mehr kann ich auch im Laufe der Fahrt nicht erkennen.

Die Sonne geht um 0645 auf, es sind nur 6°C. Ich gehe nur für schnelle Fotos raus, denn der Wind verstärkt die Kälte. Der freundliche ägyptische Lotse erklärt mir während seiner kurzen Zigarettenpause, dass die Aufschüttungen rechts und links am Kanal vom Krieg 1973 stammen. Damals hatten sich hier Ägypten und Israel, das den ganzen Sinai besetzt hatte, gegenüber gelegen. Schaurig.

Um 0845 fahren wir in den Bittersee ein. Nur wenige kleine Schiffe ankern hier. Jetzt sind weniger Fischer unterwegs als auf der Hinfahrt, aber das war auch an einem Sonntag. Hier kann man jetzt am besten die anderen Schiffe in unserem Konvoi sehen, sogar die fast enteilten Autotransporter, hinter uns kann ich nur fünf Schiffe erkennen, mehr nicht. Das weitgeschwungene Ufer mit den Minaretten, Wassertürmen, Palmen und Wohnhäusern ist mir von meiner ersten Passage 2013 bekannt. Schon um 0945 sind wir durch den See und kommen in den neuen Teil des Suezkanals. Hier ist eine zweite Fahrrinne auf 43 km Länge parallel ausgebaggert. Jetzt können die Konvois aneinander vorbeifahren, ohne Ankern im Bittersee, diese Wartezeit entfällt.

Auf Höhe von Ismailia findet der Lotsenwechsel statt, unser Schiff verlangsamt kurz die Fahrt. Es ist 1100 und wird immer heißer. Ich schieße einige Fotos des entgegenkommenden Konvois, die Schiffe scheinen sich regelrecht durch den Sand zu pflügen. Auch ein *Kriegsdenkmal (Foto)*, groß wie ein Exerzierplatz, wird abgelichtet, genauso wie die vielen Fähren, die den Kanal queren. In der Nähe des Kanals gibt es nur wenige

Siedlungen auf dem Sinai, und zwar dort, wo die Fähren sind. Aber von manchen Fähren führen Straßen nur ins endlose Nirgendwo der Wüste. Die Sandaufschüttungen rechts und links des Kanals sind mächtig hoch. Ich habe den Eindruck, dass hier noch immer gebaut wird.

Jetzt fahren wir wieder die üblichen 9,5 Knoten, etwa 17 Km/h. Es geht fast nur geradeaus. Schon von weitem erkennt man die langgezogene Al Qantara Brücke, es ist die einzige Brückenquerung über den Kanal. Wir kommen zum Ende der Ausbaustrecke; von hier sind es noch über 12 km bis zum Kanalende, das heißt noch etwa eine Stunde. Ich sollte jetzt zum Lunch in die Offiziersmesse gehen.

Der Suezkanal ist 1869 eröffnet worden, da war er natürlich nicht so breit. Diese jüngste Erweiterung mit der Parallelstrecke ist bestimmt nicht die letzte Baumaßnahme. Ich gehe runter aufs *Upper Deck* und spaziere nach vorn auf die *Back*. Von hier fühlt man sich viel dichter am Ufer. Auf der Straße parallel zum Kanal reihen sich LKW an LKW, alle mit Containern beladen, als ob sie uns Paroli bieten wollen. In regelmäßigen Abständen führen Bewässerungsgräben ins Land hinein, hier ist alles grün, gegenüber auf dem Sinai herrscht einheitliches Braun vor. Je weiter wir nach Norden kommen, desto mehr Siedlungen, Militärposten und Fabrikgelände finden wir vor.

Port Said leuchtet uns von weitem entgegen, doch es dauert noch, bis wir das Mittelmeer erreichen werden. Ganz langsam schieben wir uns an den Abzweig heran, der nordgehende Verkehr schwenkt hier leicht nach Osten ab (*Foto*). Voraus ist das breiter werdende Blau des Mittelmeers schon zu sehen.

Doch mein Augenmerk ist auf die neuen Hafenanlagen gerichtet. Vom Lotsen erfahre ich, dass dieser Hafen von Maersk betrieben wird. Dass alles neu ist, erkennt man daran, dass die LKW-Zubringer umständlich weite Umwege fahren, langwierige Kontrollen passieren und mit einer kleinen Fähre übersetzen müssen. Alles erscheint eher provisorisch, auf keinen Fall den Erfordernissen eines modernen, zügigen Warenverkehrs angepasst. Die Hafenarbeiter kommen schneller hin, höre ich. Mit einer Fähre direkt von Port Said sind sie in 20 Minuten im neuen Hafen. Ich bin gespannt, wie es hier wohl in fünf Jahren aussieht. Pessimisten werden sagen, genauso, Optimisten, nicht wiederzuerkennen.

Ein Wüstenschiff ist ein Schiff, das durch die Wüste schifft. Das Schiff scheint sich einen Weg durch den Sand zu bahnen

Abzweig vor Port Said am nördlichen Kanalausgang

Hafeneinfahrt Damietta

Auch wenn wir schon fast draußen sind, fahren wir erstaunlich langsam weiter. Ein schmaler, ausgebaggerter Kanal führt uns hinaus aufs Mittelmeer. Um exakt 1540 passieren wir die Kanalausfahrt. Wir haben für die Durchfahrt gut zehn Stunden gebraucht, früher waren das wenigstens 13 Stunden, mit Ankern im Bittersee. Abgespannt doch glücklich und zufrieden ziehe ich mich auf meine Kammer zurück. Ich war zehn Stunden mit kurzer

Unterbrechung auf der Brücke gewesen und habe geschaut, gestaunt und alles in mich aufgenommen. Nur ein Stündchen die Beine hochlegen, dann will ich wieder auf der Brücke stehen, bereit zur Einfahrt in den Hafen von Damietta.

Wieder im Mittelmeer

Erst um 0330 haben wir in Damietta angelegt, alles schläft noch. Nur vorn auf dem Schiff wird geladen. Die angekündigten Zeiten für die nächsten Häfen klingen nicht sehr positiv. Wir laden viel länger als im Fahrplan vorgesehen. Deshalb fallen auch unsere Plätze in Malta und Salerno weg. Ich merke, dass ich jetzt schnell nach Hause kommen möchte. Diese Reise ist doch sehr lang.

Nach einigen grauen, erstaunlich kalten Tagen im östlichen Mittelmeer freue ich mich auf den folgenden Tag in Malta. Nach den gemeldeten Liegezeiten können wir überraschenderweise doch an Land gehen, eventuell sogar richtig lange. Dann kommt das letzte Abendessen mit unserem Kapitän, denn er geht morgen von Bord – leider.

Vor Malta müssen wir dann doch länger warten und driften mit Blick auf den Hafen. Nachmittags raffe ich mich zu einer Runde ums Deck auf. Es weht ein frischer Wind, aber es ist trocken. Ich komme gerade noch rechtzeitig auf die Brücke zurück, um den Beginn der Mann-über-Bord-Übung mitzubekommen. Vier

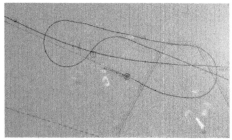

Plastikkanister werden zusammengebunden und ins Meer geworfen. Dann erfolgt die Meldung an die Brücke „Man over board".

So sieht unsere Route bei der Übung auf dem Monitor aus

Auf dem Monitor wird sofort die Stelle markiert, ein *Williamson-Turn* eingeleitet und so versucht, zu dieser Stelle zurückzukehren. Natürlich ist der „Seemann" inzwischen abgedriftet und somit äußerst schwer zu finden. Drei Leute stehen draußen auf der Brückennock und halten mit ihren Ferngläsern Ausschau. Das habe ich mir nicht so schwierig vorgestellt.

Endlich sind wir in Malta, Freeport, die Sonne scheint zum Fenster rein. Beim Frühstück höre ich, dass die Abfahrt 1800 ist, also *shoreleave* bis 1600 geht; das bedeutet ausreichend Zeit für einen Landgang. Früh um 0820 verlassen Chantal und ich das Schiff, warten eine ganze Weile auf den Shuttlebus, am Gate liegt die Liste der CC Mozart nicht vor, aber per telefonischer Nachfrage wird die Abmeldung auch akzeptiert und wir spazieren los. Der Ort *Birzebbuga* liegt gleich neben dem Hafen, vom Gate aus sind es nur 10 Minuten zu Fuß.

Um 9 Uhr sitzen wir im Bus, der immer voller wird und bis in die Hauptstadt *La Valetta* rund 40 Minuten braucht. Hier kenne ich mich einigermaßen aus und streife durch die Innenstadt. Ich erkenne alles wieder und erfreue mich am guten Wetter und den anmutigen Straßen. Nach einigen „Schleifen" durch die Stadt finde ich einen Friseur. D.h. genauer auf Empfehlung eines Maltesers, der fast keine Haare auf dem Kopf hat. Warum ausgerechnet der mir einen Friseur empfiehlt, bleibt mir ein Rätsel. Ich habe zunächst Bedenken, weil das Geschäft leer ist und der Friseur auch noch eine Schirmmütze auf dem Kopf trägt. Aber der Laden füllt sich direkt nach mir und der Chef selbst frisiert mich, geht professionell zu Werke und liefert gute Arbeit ab, schnell und effizient für 15 €. Da kann man nicht meckern.

Nach dieser Unterbrechung setze ich meine Rundtour fort. Die Straßen bevölkern sich mit Massen von Touristen, denn es liegen drei Kreuzfahrtschiffe im Hafen. Mein Mittagessen ist eher ein

Snack bei *Costa*, da hat man Free Wifi. Dann noch ein paar Runden durch die Altstadt und um 1430 sitze ich im Bus bereit zur Rückfahrt. Hier treffe ich auch Chantal wieder. In Birzebbuga

trinken wir noch ein Bierchen mit Blick auf den Hafen und unser Schiff. Nach einem Spaziergang bis zum Gate sind wir pünktlich um 1600 wieder an Bord.

Die vielen Erker sind typisch für Malta

Wenn man in Malta/Freeport mal nicht viel Zeit hat, genügen nur zwei Stunden für einen Spaziergang durch Birzebbuga. Dort gibt es einfache Cafés und Restaurants mit Free Wifi, so dass man die kurze Zeit gut nutzen kann. Der Hauptvorteil ist jedoch die Nähe zum Hafen und die daraus resultierende verlässliche Zeitplanung, die man für die Rückkehr zum Schiff hat.

Noch ein weiterer Tag Verzögerung bis Salerno (*Foto*). Das nervt langsam. Um 0700 sind die Lotsen da, die *Rio del la Plata* von Hamburg Süd läuft aus, wir gehen an ihren Platz. Der Hafen von Salerno ist klein, wie dicht an den Berg gezwängt. Es gibt nur zwei alte Drehkräne, da dauert das Laden auch bei wenigen *Moves* lange.

Um 0950 gehe ich vom Schiff, um ehrlich zu sein, ohne rechte Motivation. Der Agent hat mir den Weg in die Stadt genau beschrieben, der ist einfach und kurz. So ist es dann auch; zu Fuß zum Gate, dort wird mein Ausweis nur oberflächlich kontrolliert, dann rechts Richtung Stadt und nach 10 Minuten erreiche ich die Promenade. Die Sonne scheint milde, es macht Spaß hier entlang zu spazieren. Meine Stimmung wird merklich besser. Ich lasse mir Zeit, drehe erst ganz am Ende um und gehe dann durch die Geschäftsstraße und rechts und links durch kleine Gassen.

Mittags kehre ich in ein Restaurant ein, wo ich die Biathlon-WM am Fernseher verfolgen kann. Nachmittags gehe ich fast die gleichen Ecken noch einmal ab, jetzt ist alles viel belebter und im Dämmerlicht wirken Hafen und Schloss romantisch. Insgesamt bin ich heute mehr als acht Stunden unterwegs und komme gut gelaunt wieder zum Schiff zurück. Das ist ein absolut toller Tag, vor allem, weil ich ihn nicht so erwartet habe, Salerno hat mir sehr gut gefallen.

Draußen ist es grau, doch im Westen zeigen sich einige Wolkenlücken. Ich habe vollkommen vergessen, dass wir heute Mittag Gibraltar passieren. Beim Mittagessen erkenne ich in der Ferne den Felsen und beschließe spontan, ein paar Runden ums Deck zu joggen. So direkt nach dem Essen fällt mir das schwer, aber die attraktive Kulisse beflügelt mich: auf Steuerbord der Felsen von Gibraltar, auf Backbord die afrikanische Küste. Ade, Mittelmeer! Zwei Tage später herrscht unerwartet schönes, klares Wetter. Die Biskaya präsentiert sich von ihrer besten Seite, unglaublich, fast wie glattgebügelt ist die See. Was gibt es hier sonst für Stürme.

An diesen letzten Tagen fühle ich mich schon etwas traurig. Zwischen Damietta und Gibraltar war ich zunächst nur enttäuscht und ungeduldig wegen der weiter zunehmenden Verspätung; ich wollte nur noch nach Hause. Aber seit Gibraltar wird mir mehr und mehr bewusst, dass diese wunderschöne Reise jetzt unabwendbar zu Ende geht. Das ruhige, sonnige Wetter trägt auch zu diesem Gefühl bei. Der Blick auf die See, ob oben von der Brücke aus oder unten von Deck, gräbt sich tief ein. Das sind die Bilder, die ich nie vergessen werde, sie sind einer der Gründe, warum ich solche ungewöhnlichen Fahrten unternehme.

Auch der Ärmelkanal zeigt sich heute von seiner liebenswürdigen Seite. Wir fahren in ruhiger See mit einem leichten Schiebewind, es sind 8°C, die weißen Kliffs von Dover leuchten uns entgegen. Hier gibt es immer noch viel Fährverkehr, trotz Tunnel und Brexit; ich sehe vier Fähren vor uns auf dem Wasser. Als ich auf die Brücke komme, muss der Kapitän gerade ein ziemlich scharfes Manöver durchführen, weil zwei Fähren direkt vor unserer Nase queren. Wir passieren hinter ihnen, denn sie kommen von steuerbord und sind viel schneller. Hinter uns ist unsere „Fahrspur" im Wasser gut zu sehen, wie ein langgezogenes S. Das sieht man selten.

Um 1330 kommen die Lotsen, es ist eine längere Revierfahrt bis London Gateway, dem neuen Containerhafen in der Themsemündung. Als wir an *Sheerness* vorbeifahren, erzählt der Lotse vom *Montgomery-Wrack*, einem der *Liberty-Schiffe*. Das liegt seit dem 2. Weltkrieg da und bricht langsam auseinander. Es hatte über 5000 kg TNT geladen – eine tickende Zeitbombe.

Um 1900 liegen wir fest, es ist zu spät für einen Landgang nach London. Das macht mir jedoch nichts aus, denn London kenne ich gut; deshalb statte ich lediglich dem Seemannsclub im neuen Verwaltungsgebäude auf dem Hafengelände einen Besuch ab.

Samstag, 18. Februar 2017, zurück in Hamburg

Um 0430 wache ich auf, Sahlenburg ist nicht weit. Also rauf auf die Brücke. Die Lotsen sind da, wir befinden uns jetzt genau zwischen Weser- und Elbmündung. Ich bereite mir eine Tasse Tee und sehe auf die See. Wir machen schnelle Fahrt und ich höre, dass wir schon etwa um 0900 am Burchardkai festmachen werden. Das wäre super; ich maile meinen Freund Carsten sofort an und bitte ihn, mich um 1030 abzuholen. Wir liegen dann tatsächlich um 0930 fest, ohne zu drehen, was etwas ungewöhnlich ist. Ich beginne meine Verabschiedungsrunde, gehe sogar in den Maschinenraum runter, um mich vom ersten Ingenieur zu verabschieden. Ich erwische fast alle. Eine wunderschöne, ereignisreiche Fahrt ist zu Ende. Ich gehe um 10:15 Uhr von Bord. Carsten ist um 10:35 Uhr am Gate und bereits um 11:00 Uhr bin ich zu Hause. Dort ist alles in Ordnung, so wie es sein soll.

Die Route von Nordeuropa bis Australien

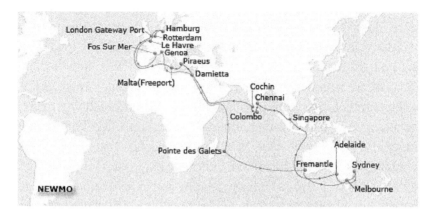

Die hier abgebildete Route von CMA CGM weicht von unserer ab; nach Singapur waren wir Port Kelang angefahren und Salerno statt Piräus.

Entfernungen von Hafen zu Hafen (in Seemeilen=1.852km)

Diese Angaben entsprechen der tatsächlichen Strecken, wie wir sie gefahren sind, von Hafen zu Hafen. Die Fahrtzeiten sind gerundet:

Hamburg > Rotterdam   1 Tag – 328

Rotterdam > Le Havre   1 T. – 285

Le Havre > Fos sur Mer   5 T. – 1952

Fos > Genua   ½ T. – 225

Genua > Damietta   4 T. – 1420

Damietta > Suez Kanal > Pointe des Galets 10 T. – 3948

Pointe des Galets > Fremantle 9 T. – 3290

Fremantle > Melbourne   5 T. – 1970

Hamburg > Melbourne: 13.418 nm = ca. 24.850 km

Sydney > Adelaide   2 T. – 975

Adelaide > Singapur   9 T. – 3788

Singapur > Port Kelang ½ T. – 197

Port Kelang > Chennai 3 T. – 1410

Chennai > Colombo   1½ T. – 628

Colombo > Cochin   1 T. – 328

Cochin > Suez Kanal > Damietta 9 T. – 3263

Damietta > Malta   3 T. – 918

Malta >Salerno 2 T. – 344

Salerno > London Gateway   4 T. – 2392

LGW > Hamburg 1 T. – 409

Sydney > Hamburg: 14.652 nm = 27.135 km

Hamburg> Australien> Hamburg: 28.070 nm = ca. 52.000km

Weitere Reiseberichte von Henning Köhlert

Direkt bei *tredition* oder im Buchhandel als Paperback, Hardcover oder E-Book erhältlich:

Mit dem Frachtschiff um die halbe Welt
Hamburg – Schanghai – Hamburg

Bericht über die 84-tägige Reise auf der Marco Polo, einem der größten Containerschiffe der Welt. Die Ladevorgänge in den Häfen, das Leben an Bord, Landausflüge und attraktive Passagen werden ausführlich beschrieben.

Mit dem Frachtschiff rund um Südamerika

Hamburg – Magellanstraße – Panamakanal – Hamburg

Wir begeben uns auf die Spuren von Magellan. Auf drei Containerschiffen, über fast 35.000 Kilometer, durch vier Klimazonen führt diese Fahrt, inklusive längerer Landaufenthalte in Ecuador und Peru.

Mit dem Frachtschiff um die ganze Welt

Diese drei-monatige Reise führt von Singapur über China, den Panamakanal, die Karibik, am Kap der Guten Hoffnung vorbei zurück nach Singapur. Heftige Stürme, die endlosen Weiten der Ozeane, häufige Zeitumstellungen charakterisieren diese Weltumrundung.